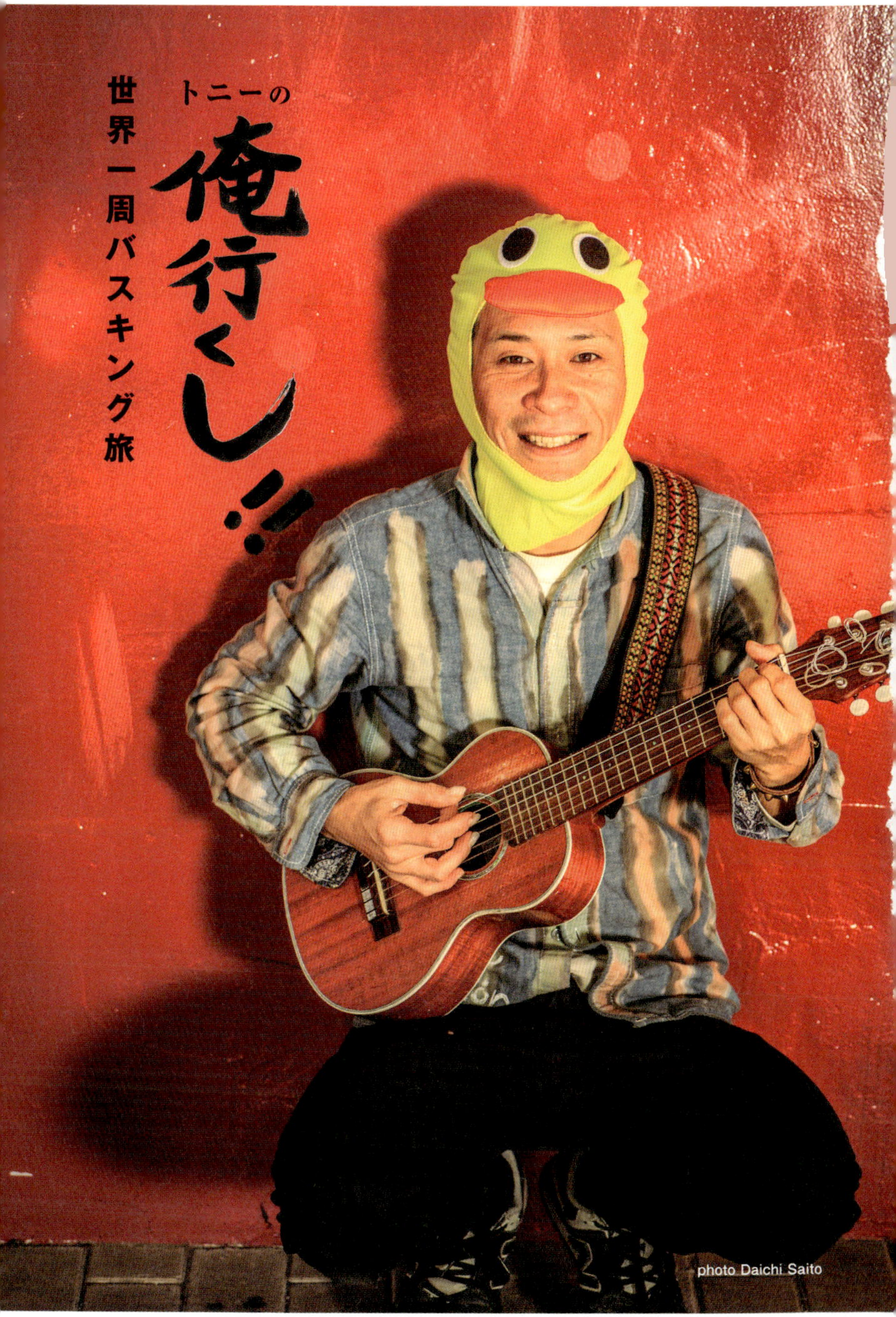

photo Daichi Saito

人生のかけら

「はじめに」の代わりに

旅に出たのは2009年。まずは、その日から約4年間に渡って続けた旅の最中に思ったことを、チャンプルして記します。

最初に旅に出て感じたことは、「旅で行った国数が多けりゃいいのか？」というと、そうでもないし……。「旅の年月が長ければいいのか？」というと、そうでもないし……。旅じゃなく、お金でも、「大金を持っていたら偉いのか？」というと、そうでもないし……。世の中ひょっとすると、「そうでもない」ことだらけかも……。良いとか、悪いとか、偉いとか、偉くないとか、そういうのって、錯覚なのかもしれない。それよりも「心のコンパスがどこを指してるのか」が大事だと思いました。

35歳で住処をマンションから軽のバンに変え、世の中の基準では、どうやらおかしい（?）みたいなのですが、僕から見ると世の中の方がおかしく見えたりして。「色々な考え方があって普通だ」と思うんだけど、勝手に「こうしなきゃ」とか、「ああしなきゃいけない」とか誰が決めたんだろう？

旅に出る前、僕はバンドをやっていました。バンドって何人かでひとつのものを作る素晴らしいアクションだと思うし、メンバーと家族みたいにもなれる。でも、何人かでものを作ると、「俺はこんだけやっているのに、お前は何もしていない」と言われたり、またその逆を自分が言っていたり……。ある日、自分が偉そうなことを言っている時、ふと、「偉そうに言ってる自分は誰やねん!?」と思い、そんな自分が嫌になり、長年やっていたバンドを辞めてひとりになりました。

「偉そうに言っている自分は、ひとりで何ができるんだろう？」と、弾き語りにチャレンジするもうまくいかなくて……。たくさん考えて、たくさん悩んで、たくさん落ち込みました。優しい言葉をかけてくれた人

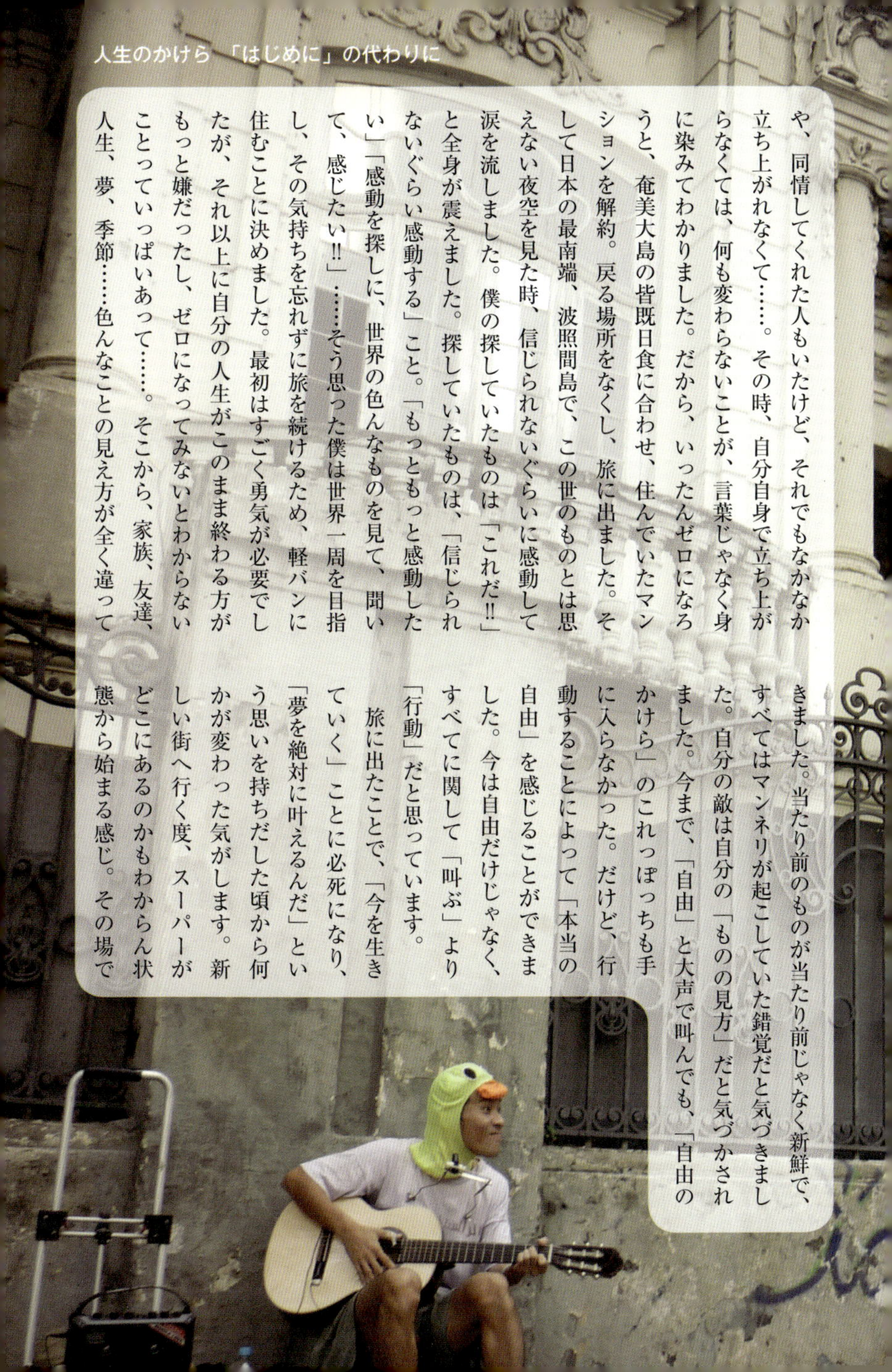

や、同情してくれた人もいたけど、それでもなかなか立ち上がれなくて……。その時、自分自身で立ち上がらなくては、何も変わらないことが、言葉じゃなく身に染みてわかりました。だから、いったんゼロになろうと、奄美大島の皆既日食に合わせ、住んでいたマンションを解約。戻る場所をなくし、旅に出ました。そして日本の最南端、波照間島で、この世のものとは思えない夜空を見た時、信じられないぐらいに感動して涙を流しました。僕の探していたものは「これだ!!」と全身が震えました。探していたものは、「信じられないぐらい感動する」こと。「もっともっと感動したい」「感動を探しに、世界の色んなものを見て、聞いて、感じたい!!」……そう思った僕は世界一周を目指し、その気持ちを忘れずに旅を続けるため、軽バンに住むことに決めました。最初はすごく勇気が必要でしたが、それ以上に自分の人生がこのまま終わる方がもっと嫌だったし、ゼロになってみないとわからないことっていっぱいあって……。そこから、家族、友達、人生、夢、季節……色んなことの見え方が全く違ってきました。当たり前のものが当たり前じゃなく新鮮で、すべてはマンネリが起こしていた錯覚だと気づきました。自分の敵は自分の「ものの見方」だと気づかされました。今まで、「自由」と大声で叫んでも、「自由のかけら」のこれっぽっちも手に入らなかった。だけど、行動することによって「本当の自由」を感じることができました。今は自由だけじゃなく、すべてに関して「叫ぶ」より「行動」だと思っています。

旅に出たことで、「今を生きていく」ことに必死になり、「夢を絶対に叶えるんだ」という思いを持ちだした頃から何かが変わった気がします。新しい街へ行く度、スーパーがどこにあるのかもわからん状態から始まる感じ。その場でどうにかするしかないという感じ。それは理想ばかりの妄想世界ではなく、今ここがすべてという状態で、それがわかると、ものの見方が変わってきたりして、自分が大事にすることも変わってきました。プライドもそのうちのひとつ。

「今を生きていく」ということに重点を置いてからは、たくさんのプライドを捨てることができました。でも、どうしても捨てられなかったのが「チャレンジして生きていく」というプライド。その一方で、そのことにこだわればこだわるほど、人に支えられていることにも気がつきました。ペルーでマチュピチュを眺めていると、日本でかき氷やタコ焼きなどを買ってくれた人の顔が浮かんできて、「ここまでひとりで来たと思っていたけど、色んな人がここまで運んでくれたんだ」と感じたその瞬間、空に虹が出ました。そう感じられたことが僕の中ではとってもデカくて、素晴らしい瞬間で、今でも人生の宝物です。振り返れば、屋台をやりだす前は変なプライドの塊で、ただのワガママ坊主でした。今までバイトをいくつかしたことがあるけど全部クビだし、将来を考えた時期には、「もうマジで社会不適合者だ」って落ち込んだりもしました。そんなどうしようもない僕でも、旅を通してたくさんの人たちと出会い、色々なものが確実に変わりだしました。恥ずかしい思いや辛い思いももちろんしたけど、「生きる」って素晴らしいと思う瞬間がそれに勝りました。だから、後悔なんてひとつもなく、人生が素晴らしいと感じられました。

社会不適合者より、自分に嘘をついたり、ごまかしたりする「自分不適合者」になりたくない。国、社会、人、友達とどれだけズレていようが、自分の心には嘘をつきたくない。

旅に出て今も変わらないのは、ひとりの人間として物事を見ていきたいということ。それが「ONE LITTLE TRAVELER（ワン・リトル・トラベラー）」

という名にも繋がっています。屋台を始める時、たまたまビョークのCDのレーベル名を見たら、「ONE LITTLE INDIAN」で、えらくかっこいい名前だと思い、「ONE LITTLE」の響きと意味が気に入りました。世界には何億もの人がいて、それぞれがそれぞれの人生を旅している。そして宇宙から見れば、誰もがひとりの人間として人生を旅している、そう、「ひとつの小さな旅」。その意味を込めて「ONE LITTLE TRAVELER」に決めたんです。

世界一周の最終日を迎えた時、ずっと戦ってきた自分の右手を見ました。手のひらは腫れてるし、爪にヒビが入っていたり、欠けていたり、なんかもうボロボロで……。それに、「ホント、ギターがうまくならないとなぁ〜」って苦笑いが出ました。でも、その手には何ひとつ嘘なんかなくて、手のひらには今までのすべての旅路が刻まれていました。そう、それが僕の世界地図だと思いました。

夢だった世界一周を終え、今思えば、それは、僕が世界を目指していた3年8ヶ月の旅は、普段の生活の喜怒哀楽と同じように、人生にとって「ほんのひとかけら」であったということ。つまり、すべてではないってこと。それより生きていること自体が夢のようだと思いました。どこの国であろうが、人の持つ核の部分は同じ。優しい人もいれば、冷たい人もいて、温かい人もいれば、嫌な人もいます。僕たちが見ている普段の景色は、世界中どこに行っても同じで、とにかく何でもやってみなきゃわからない。自分を信じて自分の道を行く。人や社会や国が言ってることなんて、すぐに変わるんだから!! 限られた人生で最高の瞬間を探して、1分1秒でも良い時間を過ごせるように人生を旅したい。どこかに行くことだけが旅じゃなく、もうすでに旅は始まっている。今、そこかしこで誰もが旅の途中だってこと。でも、それは永遠なんかじゃない。いつどこで終わるかもわからないんだ。だから、どこで終わっても「YES」と言えるように、僕は僕の人生を旅する!!

スターダックトニー

世界一周の旅の資金を貯めるべく2009年に軽バンの屋台で日本を巡る「忍者屋台 ONE LITTLE TRAVELER」を開始。3年後、念願の世界一周へ。屋台時代を含め3年8ヶ月、5大陸19ヶ国を制覇した。

バスキング

大道芸で観客から投げ銭を集めること。また、大道芸人はバスカーと呼ばれる。

第1章 トニー、世界を目指す

Tony, aim for the world

photo Daichi Saito

バンド時代のトニー

どこにでもいるような少年だったトニーは、ある日を境にパンクにのめり込んでいく。しかし、旅の魅力に取り憑かれた彼は大きな決断をする。

俺、サッカー選手にはなられへんし!!

俗にいう「やんちゃ」な子供でした。どこの学校にもいる、席替えをしても「授業中によくしゃべるから」って理由で常に先生の近くの席にされる、アレです。今にして思えば、現在もやっぱりそんなに根っこの部分は変わってないんかな……。人を楽しませたり、笑わせることで自分が得る一種の快感っていうのは、この頃からあったと思います。

僕らの時代、ちょうど「ヤンキー」が全盛で。ヤンキーって言っても、今の若い子たちには伝わらないかもやけど、不良って言うのかな。僕はそっちの方じゃなくて、信じられないかもしれないけどバリバリのサッカー少年でした。「キャプテン翼」に憧れていたような少年。

勉強は、いよいよ追い込まれたら一気にやる、みたいなタイプ。中学一年の時は、それはそれはひどい有り様だったんですけど、「これでは、アカン！」と思い直して、中学二年からめちゃくちゃ頑張って。だから、普通に高校も進学できました。

もう、高校時代はサッカー一色。ＭＦ（ミッドフィルダー）でレギュラーの座も獲得。サッカーのクラブ活動は、一生懸命に取り組んでました。本気で、プロのサッカー選手を目指してましたから。いつか、ブラジルでサッカーを……なんて、淡い夢を抱いたり。

けど、高校生くらいになったら、自分の限界とか、可能性とかもわかってくるじゃないですか。「あぁ。俺はプロのサッカー選手にはなられへんのや……」みたいな。そうしたら、もう、次に何をやるのか、全くわからないんです。進路指導みたいなのがあって、先生に「お前どうするねん」と言われても、何もない。そうしたら、一応、進学でもしとくかって大学を受験したんですけど、モチベーションも上がらないし……受かるわけないですよね。結局、何していいかわからなすぎて、友達の誘いもあって、浪人することになるんです。

幸い、一浪でなんとか晴れて大学生に。先ほども言いましたが、僕、追い込まれたら一気に勉強をやるみたいなタイプ。けど結局、浪人中も大学に受かることが目標というか、その次の将来なりたいことなんて何も見つけられないままだったんで、大学生になっても、ほとんど学校には行かないで、バイトに明け暮れるような日々でした。

そんな時に、僕のその後の人生を決定づける、とんでもないものと出会うことになるんです。

それが、パンク・ロックです。

俺、価値観180度変わったし!!

高校の頃に遊びでバンドを組んだりしていたので、パンク・ロックがどういう音楽かは知っているつもりでした。けど、この頃に大阪の有名なパンクスの先輩と出会って、もう衝撃で……。「なんやこの人は!?」って感じで。

着ている服はボロボロで、髪の毛はツンツン……パンク・ロックって「聴くもの」って思っていたけど、もう、まるっきり日常生活そのものがパンク・ロックで。ガッツーンって殴られた感じというか、その人と出会った瞬間、価値観も何もかも、僕の中のすべてが変わりました。「これや！」って。

それは、目の前にあった霧がすーっと晴れるような感覚というか。将来への夢も希望も持てないような、ただ単に「大学生」って肩書だけ持った空っぽの生活を送ってる中で、ひと筋の光が差したような。大げさではなく、その時の僕はそんな心境でした。

今でもそうなんですけど、「これや！」と思ったら、すぐに行動……いや、相当ビビりまくりますけど、とにかく、決めたらそっち側に向かわないと気が済まないタイプ。この時も、どんどん、格好がおかしなことになります。ジーンズがチェックパンツに、髪の毛も派手な感じに変わっていって……。

そうそう、仲良くなった頃、ひょんなことでその先輩の家でお世話になることになるんですけど。……その家も、もう、ヤバい。

イギリスなんかのパンクスやハードコアの連中って、廃墟とか空きビルとかをスクワット（不法占拠）して、共同生活してるんですけど、もう、当時の僕からしたら、ほんまにそんな雰囲気が漂ってて。それと、部屋がおもちゃで溢れ返ってるのにもビックリしました。しかも、彼が寝ていた布団とかも、パリッパリなんです。「こんな布団で寝られへんって……」と、窓から布団を投げ捨てたら、下でホームレス同士が布団を奪い合っていて……どんなエリアに住んでいたかは、ご想像にお任せしますけど。

こうやって、ようやくやりたいことが見つかって、僕もバンドを組んでライブをやったりしていたんですけど、全然行ってないにしてもまだ、大学生じゃないですか。パンクスにとって大学なんて意味がないんで辞める決断をし、親に報告に行くわけですよ。「俺、パンクで行くし」って感じで、ド派手な格好で。けど、親からしたら「はぁ？」ですよね。「アンタ、何言う

てんの？」ですよ。結局、説得されて大学は卒業するんですけど。

それにしても、本当に出鱈目な毎日でしたね。良い仲間にもたくさん出会えて、めちゃくちゃ楽しかったです。

俺、旅に目覚めるし!!

そんなバンド中心の生活を10年くらい送っていたんです。レコーディングをしてCDを作ったり、憧れのバンドだったイギリスのカオスUKとも海外で知り合えたり。カオスUKのヴォーカル・カオスの家に泊まりに行く機会があり、パンク話を色々聞けるかもと期待して行ったんです。でも、カオスはゲームばかりしていて、それはそれで衝撃的でしたけど。ライブにも一緒に連れて行ってもらったのですが、本物の強烈なパンクスが多すぎて完全にビビりました。こいつらには到底敵わへんなって……。

カオスUK　８０年代から活動を続けるイギリスのハードコアパンクバンド。結成当初はノイズコアだったが、現在はパンク・ロック色の強いサウンドに変化している。

When I was standing back from punk music,
I lived and acted like a punk the most in my lifetime.

カオス UK のカオスとトニー

お金はなかったけど、充実はしてました。「20代は二度と帰ってこない」と、バンドと遊びに全神経を集中させてた感じです。しかし、ちょっとずつ、自分の中でズレが生じてきたというか……。年齢もこの頃は30歳を超えていて。なんとかバンドで食えるように、と考えていた僕と、バンドメンバーとの温度差というか、そういうものも芽生えてきて。……まぁ、僕も借金まみれだったんで偉そうなことは言えませんが。

そんな僕の気持ちを見透かすかのように、当時付き合っていた彼女から、「次のライブでCDが1枚も売れなかったら、もう、辞め！」と言われたんです。

彼女は僕の世界一周の旅に大きな影響を与えた、バリバリのバックパッカー。だから、ひょっとしたら、彼女から見たら僕は「パンクにすべてをかけてる」って言ってるけど、中途半端にへらへらして生きているようにしか思えなかったのかもしれません。

現に、売らないとダメなCDを、平気でタダで人に配ったりしてたし……。この時は、ライブでCDが2枚売れたので、バンドを辞めなくても済んだんですけど、なぜか、「どうにかして売らないと」って考えた作戦が、大仏のお面を被ってステージに上がるというもので……涅槃みたいに、寝転んだりして。今まで、めちゃくちゃカッコつけてライブやったりしてたけど、初めて「笑い」の要素を取り入れたライブでした。アヒルを被っているスターダック トニーの原点……なのかな？

この頃から「旅」というものは意識していました。四国を一周したり、「旅をしながらお金が稼げたら最高やな」という、現在の動き方に近い考えが頭の片隅に芽生えたのも同時期です。

そんな頃、彼女と一緒に海外に行くことになりました。僕はレッド・ホット・チリ・ペッパーズやビョークが出演するフェスが観たかったのでアメリカに行きたかったんですけど、ほぼ無理やりインド行きが決定してしまいました。全く、インドには興味がなかったんです。「嫌やなぁ」という思いの方が大きかった。狂犬病とかめっちゃ怖いし……。けど、その旅で考え

インドで旅の魅力に目覚める

方がまるっきり変わってしまいました。バックパックを背負っての貧乏旅行というか、そういう旅の良さを存分に味わえたんです。

俺、生まれ変わるし!!

インド以外にも、国内外問わず旅は定期的に続けていましたが、日常に戻ると、必ずこんな気持ちにさいなまれるんです。

「今の生活、めっちゃ嫌」って。

旅の最中には、不思議と不安を感じることもなかった。それは現実逃避といえばそれまでなんやけど、大阪に帰ると、家賃とかの支払いに追われる毎日。はっきりいって、もうなんのために生きてるのかわからなくなりそうでした。

「このままやったらアカン！　こんな生活をするために生まれてきたのか？」って考えるんですけど、僕、結構人の目を気にする性格で、何よりもパンクの仲間たちの輪から抜け出すのが恐ろしかったんです。自分のすべてでしたから。自分を変える勇気もなく、ほんと、どうしようもなかったです。

けど、35歳になったある夜、こんなことをふと考えたんです。「いずれは僕も死ぬのに、このまま何もできず、死ぬ前にこれで自分の人生、良かったと思えるのか？」って。『最高の人生の見つけ方』っていう、余命わずかな老人たちが「死ぬまでにやりたいこと」を実現していくジャック・ニコルソンとモーガン・フリーマン主演の映画を観た影響かもしれません。

あの時、こうやっとけば良かった……って後悔する人生を送るのか？

一度も思い切ったことをせず人生を終えるのか？

結局、敷かれたレールの上を歩いていくような毎日を送るのか？

明日、死ぬかもわからんのに？

死なない保証なんか、どこにもないのに!?

僕は、人生のすべてをかけた旅に出ようと思いました。大阪のマンションも解約しました。今思ったら、皮肉な話ですが、バンド活動を辞め、パンクから遠ざかったこの時が、いちばんパンクな動き方だったかもしれません。もちろん、めちゃくちゃ怖かったです。けど、「やってみたい」という思いの方が上でした。その思いが怖さに勝ったから、行けたんだと思います。

というわけで、2009年の7月17日。バンドも家も、「戻る場所」をなくして、奄美大島～沖縄への旅に出ることになるんです。

俺、この歌詞好きやし!!

バンド時代、歌詞がうまく書けなかったんです。もともと特に言いたいこともなかったというか、書いた歌詞の多くは自分でもよくわかっていない漠然とした「自由」についてのものでした。しかも、後にギターで弾き語りをするようになってわかったんですが、僕、音痴みたいです……。バンドは、パンク・ロック／ハードコアというジャンル。ノイズみたいな演奏に、叫ぶようなヴォーカルが乗るスタイルだったので、気づかなかっただけで……。

当時作った「七色たち」という曲があります。これは当時の思い……今でも同じ思いなんですが、僕のすべてが込められているような歌詞を歌っています。長いバンド生活の中でも、最初で最後の素直な自分の思いを歌えた曲だと思います。

七色たち

同じことの繰り返しは、あんまり好きじゃない
転がっていく？　転がっていない？
もうすでに転がっているんだ
変わっていく？　変わらない？　風と一緒に流れよう
回っていく星もあれば、流れる星もあるから
新しいもの見て、新しいこと聞いて、
刺激受けて変化して感動して歩いていこう

ある人は耳のない虎を描き、
形にはまらない虎を描いた
紙のはしからはしまで一本の線を書き、
この線は大きな円の一部だという人もいた
太陽の塔は設計とやらを打ち破り大きく生まれた
そして僕の心に、花火がうちあがった
新しいもの見て、新しいこと聞いて、
刺激受けて変化して感動して歩いていこう

いいきれる事なんてそうそうないだろう？
ああじゃないとダメだ！　こうじゃないとダメだ！
とか言うあんたは一体誰なんだ？
七色たちの思いがあり、七色たちの考えもある
七色たちの感じ方、七色たちのやり方
それぞれが輝くすばらしい虹をみたから
新しいもの見て、新しいこと聞いて、
刺激受けて変化して感動して歩いていこう

（TRAITOR「七色たち」CD－R収録）

JAPAN

MEXICO

BOLIVIA

PERU

HAWAII

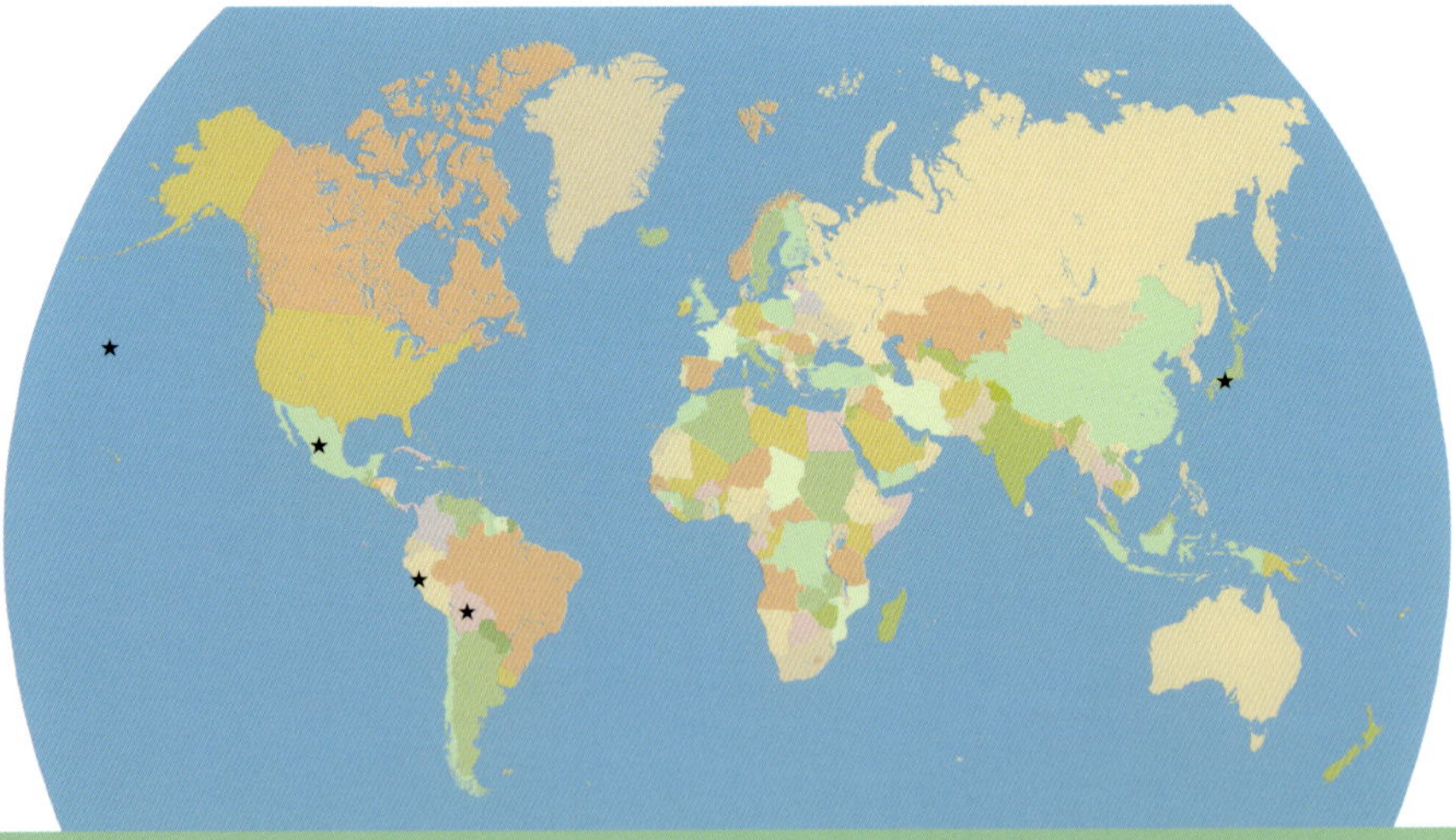

before the world trip

第2章 トニー、旅に出る 忍者屋台編

Tony, sets out on a journey　the mobile street stall stores

photo Daichi Saito

すべてを捨て、人生をかけた旅に出たトニー。彼は発明とも言える「忍者屋台」で日本中を回り、世界を目指して進み出した。

俺、もう物いらんし!!

奄美大島~沖縄へ、人生すべてをかけた旅に出ることを決意。

どうしてそのタイミングで奄美かというと、2009年7月22日は皆既日食を見ることができる日だったから。ワクワクしすぎて、仕事も手に付かず……出発する予定日の2ヶ月前に、すでに仕事を辞めていました。

バンド時代はレコード、楽器と、とにかく物を買い漁っていたんですが、以前、タイやインド、ネパールへ旅に出た時に感じたんです。生きていくのにそんなに物は必要ではないと。

でも帰国して、いざすべてを手放すとなると、これも、あれも、もったいないって……。それって「物に縛られていないか?」「今、いちばん大事なものは何?」と自ら問い、その答えが「自由になる」ということでした。どうしても欲しいものはまた買うだろうし、それが僕の本当に必要なものだと思い、すべてを手放す覚悟を決めることができました。

ギターだけはどうしても旅に持って行きたかった。だから、ヤマハの小さなギターをひとつ買い、2ヶ月にも及ぶ旅に出たんです。

俺、ヤバいモン見てもうたし!!

奄美大島では、ダイヤモンドリング（皆既日食時に起こる超自然現象）は、残念ながら天候の都合で見ることができませんでした。流石にショックでしたが、奄美大島行きの船で出会った人が、「リングが見れなかったことで何かが始まったね！」と言ってきました。
その発言に感心し、これからの旅の出会いに期待を持てただけでなく、勇気ももらえました。「そうだ！ここからだ」と。

その後は沖縄の離島などを巡り、徳之島で綺麗な朝日を浴びながら、海辺を散歩していたら、おじさんが血を流して死んでいたんです。また、そんな時に限って携帯の充電が切れていて。運良く通りかかったおじさんが警察を呼んでくれたので助かりましたが。

元来、ビビりな僕にとって、死体発見という事件はショックすぎて、「ほんまに、もうアカン！　大阪帰る！」ってちょっとしたパニックになったんです。警官には「徳之島は良い所ですので、旅をしているならもっと見ていってください」と言われ、警察を呼んでくれたおじさんには「車を貸すから、気分を変えてドライブしてきな」と……。「何を言うてんねん！」と思いましたが、もうひとりの自分が、「これで帰るん？そんなんで人生すべてかけた旅って言えるん？」「バンドを辞めて、マンションを解約して、今回の旅は人生最大の旅にするんやろ？　ここで旅を終わらせてたら今までの人生と同じじゃん」と語りかけてきました。そして僕は、「自分自身に負けるな！」と残る決心をしたんです。

記念すべきバスキング初日

俺、世界目指すし!!

死体を発見後、ドライブしていた先の浜辺で、オーストラリア人の女の子と出会いました。彼女のホームステイ先の宿主・のりこさんからは良い刺激をもらいましたね。

のりこさんは、英語がペラペラなんですけど、なんと、50歳から習って覚えたとか。部屋に貼ってある一枚の世界地図の色んな国に押しピンが刺さっていて、「おばちゃんは世界一周行くことができる年齢ではないけど、色んな国の人がここに来て自分の国のところに押しピンを刺していってくれる。私はそれで世界一周してるのよ！」って。このエピソードにめちゃめちゃ感動して、死体を見た恐怖感を、一瞬で覆い包んでくれたんです。

また沖永良部島で、絵を描きながら3年間、日本を旅しているという人、東京から自転車で沖縄まで来て、その後、沖永良部島に滞在して農業を始めるという人と出会い、彼らがとても光ってるように見えました。それは、僕は「何かを探す旅」で、彼らは「目的に向かって、追いかけている旅」。だから僕も何かを追いかけて、ずっと光っていたいと強く感じました。

そして、この旅でこれから先の生き方に大きな影響を与えたものがあります。それは日本最南端の波照間島で見た満天の星。180度見渡す限り無数の星に天の川……。その時、ようやく、自分が探しているものがわかったんです。

それは感動するということでした。「世界には色んな場所があり、もっと感動することができるはずだ！色んな所に行って、もっともっと、感動したい！」という感情が爆発しました。

こうして、僕は世界一周の旅に出ることを、波照間島の満天の星に誓ったんです。

俺、屋台の車で日本巡るし!!

２ヶ月間の奄美大島〜沖縄の旅は、これまでの生活を送っていては到底たどり着けないというか、絶対に経験することのできない、刺激に満ちたものでした。僕は「この旅で得た気持ちを絶対忘れたくない！ この気持ちのまま旅を続け、世界を目指そう！」と決めました。その思いから導き出された答えが、「車で生活し、屋台をしながら日本を巡って、世界一周の資金を稼ぐ」というもの。

勢いで５万円の軽バンを購入して改造。屋台の名前は「忍者屋台ＯＮＥ ＬＩＴＴＬＥ ＴＲＡＶＥＬＥＲ」。屋台生活という、刺激的な毎日を大阪から始めました。でも、商品の売り方もわからず、看板も小さくて、通りすがりの人に「何してるんですか?」と言われる始末……。大阪城ホールと駅の間に車を停めて屋台を出したのですが、コンサート帰りの１万人ぐらいに素通りされ、これだけ人がいるのに、ひとつも売ること

忍者屋台 ONE LITTLE TRAVELER

ができない自分がほんまに情けなくて。でも最後に出てきた年配の人が声をかけてきてくれたんです。彼も屋台をやっていて、僕のあまりの落ち込み具合を見かねてトムヤムラーメンを買ってくれたのです。この屋台の先輩との出会いが、僕のくじけそうになっていた気持ちだけでなく、その後の屋台生活を救ってくれました。

屋台を始めたはいいのですが、ガソリン代も稼げない日々が続いていました。バイトに行って、少しでも稼がないと生きていけないぐらいギリギリの状況の時、屋台の先輩に相談すると「一度バイトしたら、今のトニーはバイトに逃げると思う。深夜、停まっているタクシーに『淹れたてのコーヒーはどうですか?』って売り歩いたらどうや? 屋台は攻めの仕事や!」とアドバイスをくれました。

僕はダウンジャケットを2枚着て、下もダウンのズボンを穿いて、バンド時代からは考えられへん格好をして、プライドも捨て、生きてくために死にもの狂いで、最初の冬を迎え、それに耐えたんです。

「攻めの仕事」という言葉の影響は大きく、最初は、屋台車の中でただ人が来るのを待っているだけだったんですが、お客さんがいない時は、ひたすらビラを配り、停まっているタクシーには「コーヒーどうですか?」と、苦手だった営業を行いました。恥ずかしさよりも、日に日に「絶対に世界に行くんだ!」という思いが強く膨らんでいきました。

冬にマイナス1度の海辺の水道で、寸胴を洗ったことも忘れることができない思い出のひとつ。水が冷たすぎて手がちぎれそうになったのに加え、海辺の風も辛くて。お客さんに「会社で今日辛いことがあった」と言われて、「でも……帰ったらお湯とか出るんですよね……布団とかトイレとかまであったりするんですよね……」と笑顔で返したら、僕の境遇よりマシだと思ったのか、「めっちゃ元気もらえたし、出会えて良かった!」と。結果的に人が元気になってくれて、嬉しかったですね。人に元気を与えることが、僕にできることなのかもしれないと思いました。

屋台に来てくれた人達

屋台を始めた当初はグリーンカレーやトムヤムクンを売るというスタイルだったけど、大阪の友達からもらったかき氷機でかき氷を売り、冬は徳島で出会った人からもらったタコ焼き機でタコ焼きを売る……と、売るものが一般的な屋台の商品になることで、お客さんがジャンルレスになり、今まで勝手に毛嫌いしていたジャンルの人とも仲良くなり、僕の価値観がどんどん変わっていきました。

新しい街に行くと、ビビって屋台を出せなかったこともあった僕ですが、「自分に負けたくない」という思いも芽生えてきて、その場その場で全力を出すようになりました。今、自分がいる場所がすべてだし、今がダメなら未来はないですし、そのスタイルは世界一周の時はもちろん、現在にも活かされていると思います。

俺、いったんメキシコ行くし!!

1年半くらい屋台生活を続けていたでしょうか。軽のバンに荷物が増えてきて、超狭いスペースでの寝泊まりにも限界が来ました。

ちょうどその頃、屋台でバスキングをしてる人と出会い、屋台の延長で、海外の路上で「バスキング」してみたいという思いが強くなっていました。沢木耕太郎さんの本に「旅に出る時は二度とできない旅に出た方がいい」というようなことが書かれていて、その文章に後押しされ、アメリカ大陸の南北縦断に行こうと計画を立てたんです。けど、クレジットカードのリボ払いのせいで、借金があることが発覚して、いちばん行きたかったボリビア～ペルーが高額だったので諦めるしかありませんでした。ただ、すでに「海外に行くモード」に入っていたので、1ヶ国だけでもと思い、なんとなくメキシコ行きのチケットを取ったんです。最初はあまりメキシコに興味はなかったんです。ただただ、海外でバスキングしてみたいという思いが先に立っていましたね。

慌ただしく準備をしている最中、出発4日前に東日本大震災が発生。関西からの便は震災の影響もなかったのですが、複雑な思いでメキシコに着きました。しかも、初めての海外ひとり旅で、選んだ国を間違えたと痛感。治安が悪いという先入観から、地下鉄に乗るのさえ怖かったんです。路上に出てはみるのですが、2日間はギターを持って路上をうろつくだけ。「今まで車に住んで、世界を目指してメキシコに何しに来てん⁉」と何度も自問自答し、3日目にようやくバスキングすることができました。初めてチップが入った瞬間は、どうにかなりそうなくらい嬉しくて、「うぉぉー、やった‼」と思わず叫んでいました。その時の気持ちは、今でも決して忘れることのできないもののひとつです。

もちろん、メキシコにいる間も震災のことはずっと心に引っかかっていました。でも、何をしたらいいかわからず……。その時、宿で震災直後の日本に対して励ましのメッセージと寄付を集めている日本人の夫婦と出会い、感動して参加させてもらうことになりました。奥さんが浴衣を着ていたので、「僕も目立った方がいいよね？」と相談したら、「もちろんよ」と。そ

励ましのメッセージを集める
トニーと仲間たち

ウユニ塩湖

こで、「もし、トニーがお金を盗られたら、これを被ってダンスすればチップをもらえて、日本に帰れるよ！」と、屋台で出会った人から餞別でもらったアヒルのマスクを出すことになるんです。このマスク、顔が見えないならまだしも、顔が丸見えで……。初めて被った時は、恥ずかしさで死ぬかと思いました。しかし結果、目立つということに関してはハードルを楽々とクリアし、募金とメッセージ集めは成功したと思います。

僕がいちばん行きたかったボリビアのウユニ塩湖に行ってきた旅人と宿で出会いました。彼は「今年は雨季が延びていて、今なら天空の鏡を見るのにまだ間に合うかも」と言い、「地球の歩き方」と高山病の薬をくれたんです。「これは行けということかもしれない！日本へ帰って、また行くとなると遠いし、今以上にぴったりなタイミングが来るかわからない」と、メキシコからの往復7万円のチケットを手に、勇気を出してボリビア～ペルーへと向かうことにしました。

ドキドキしながらウユニ塩湖に水が溜まっているの

天空の鏡　地面が鏡のようになり、空の色が、ウユニ塩湖に反射して起こる神秘的な風景のこと。

マチュピチュにて

を目にした時は、涙が出そうになり、天空の鏡を見渡した瞬間は、この世のものとは思えないぐらいの素敵な場所に凄まじく感動。やっぱり自分が本当に行きたいと思う所に行くべきだと、ウユニ塩湖は教えてくれました。

ペルーでマチュピチュを眺めていた時に、日本の屋台でタコ焼きやかき氷を買ってくれた人の顔が浮かんできて、ひとりでここまで旅をしてきたと思っていたけど、みんなが僕をここまで運んできてくれたんだって気がつきました。その瞬間、虹が出たんです。

これ以上ない綺麗な景色の中、これまでの繋がりを感じることができたのが、人生の中で最高の宝物と言える体験でした。

そんな感動も束の間、クスコでご飯を食べに行った際、うかつにも所持金14万円のうち、10万円とデジカメが入ったポーチを店に忘れてしまったんです。すぐに気づき、5分もしないうちに店へ戻りましたが、なくなっていて……大打撃でした。しかし、後悔して

メキシコの公園にて

もお金は戻らない。「今ここで何が必要で、何ができる？」と考えた僕は、すぐにギターを担いでお金を稼ぎにバスキングへ出ました。なんとかボリビアに戻ってからも、旅で出会った友達たちと５００円もしない部屋に３人で泊まり、バスキングをして耐えていました。

手持ちのチケットでなんとかメキシコに戻り、稼ぎを上げるために閃いたのが、テピートという危険地域にタバコを安く買いに行って、バスキング中に売るということでした。チップの帽子の横にタバコを並べたら、少しだけ稼ぎが良くなったので、景気の良いリゾート都市のカンクンに行けば、さらに稼げるはずだと思ったんです。でも、有り金をはたいてタバコのカートンを買ってカンクンを目指そうとした時、父親の体調が悪くなり、いったん帰国せざるを得なくなったんです。

俺、世界一周行くし!!

帰国し、看病の末に父親が他界。悲しくてどん底の気持ちの中、僕はどうしたらいいのかを自問自答していました。

旅に出てちょうど2年目の２０１１年の7月17日、悲しみは消えなかったけど、世界一周の夢を追うことでそこから抜け出せました。そして屋台を再開し、ボリビアやペルーで買った雑貨も並べて、見た目もそれっぽい感じにアップグレードできたと思います。

結局、屋台は丸2年間続け、大阪、京都、福井、兵庫、

奈良、和歌山、徳島、高知、愛媛、香川、岡山、博多、大分、熊本、佐賀、長崎、宮崎、鹿児島を巡りました。なかでも、徳島県の街は海から近くて屋台生活がしやすく、居心地も良かったため、第2の故郷と呼べるぐらい長く滞在しました。

しかし、この年の秋、「このままお金が貯まるのを待っていたら、出発はいつになるんだ?」と思った僕は、車検の切れる日に合わせて屋台を閉めたんです。そして、バスキングをしながら、ずっと夢だった世界一周の旅へ出ると決心しました。

屋台をやるまで
世の中つまらないし、退屈だと思っていた
でも、色んな街に屋台を走らせ
気がついたのは世の中は決して退屈じゃない
退屈なのは自分のものの見方だったと気づいた
良いことも、悪いことも
いつも予定は未定で
何が起こるかわからない……

振り返ってみると、喜怒哀楽の連続
悪いことも良いこと同様
確実に起こる
でも起きてしまったことは
変わらないし戻ることはできない
それよりも、その後どうするか?が
いつも大事だった
そして、いつも心を打たれたのは
家族や友達、出会った人たちの
優しさや、温かさ
ほんとたくさんの笑顔や出会いは
僕のものの見方を変えた

２０１１年は､忘れられない年です。東日本大震災、父親の他界……。12月には父の死で落ち込んでいた母を、ハワイ旅行に誘いました。そこで初めて母親に笑顔が戻ってきたのが、本当に嬉しかったです。

僕はバスキングを試してみたいという思惑もあり、2回だけハワイの路上に出ました。この時、バスキングできたことで、少し自信がつきました。母親も「世界に行っておいで」と、背中を押してくれて。良い親孝行ができたと思います。

しかし､「いざ、夢だった世界に！」と構えてみると、ただ世界地図を眺めているだけで、どこからどう行ったらいいのかもわからない。そんな時、ロバート・ハリスの「旅に出ろ！ ヴァガボンディング・ブック」という本と出会いました。

１ページ目をめくってすぐに目に飛び込んできた「一歩踏み出せば、世界は広がる」という言葉に即ノックアウト！ 「先なんてどうなるかわからんし、どこに行くかわからんのが、やっぱ旅やん！」と思い直しました。

すると、ちょうどタイミング良くオーストラリアの友達から「結婚式を挙げるから来て」って誘われて。それがきっかけになり、２０１２年2月、オーストラリアから世界一周に向けた一歩を踏み出すことになったのです。

屋台の旅で出会った仲間たち

Keisuke Akimoto
MOHIKAN FAMILY'S

20代前半の頃、お互いハードコアのバンドしてましたね。しばらくして、ガットギターにハマってると聞き、僕も始めていたので、屋台でよくセッション！　彼はルンバギターにハマりすぎて、次に会った時にはボディーに穴が空くほど。
ひたすらに打ち込む情熱と、太陽のような人。これからもギターをかき鳴らし続けよう！

トニーより

元CLOVERSというバンドのメンバーで、今はモヒカンファミリーズのギタリスト。屋台時代にギターを教えてもらった。とにかくギターがうまくて、優しい。

村上三奈
なにわのスーパーアホドル

湯気の中に人間がいた。その人はカラフルなパラソルを立てていた。『世界一周を目指しています』と立て看板。見るからに熱そうなその人にうっかり声をかけてしまうとノンストップヒートアップ！　ついには煙になり海の向こうへ飛んで行った。尊敬しています。

トニーより

屋台に来てくれたのがきっかけで、話をするようになった。元々はアイドルとしてCMにも出ていた。アイドルを辞めてバスキングをするのって、すごく勇気がいると思うけど、それを実践する生き様に刺激を受けた。

ピエロック
大道芸人

トニーより

世界へ行く前、ワンマンバンドを教えてくれた兄弟みたいなパフォーマー。3日前から洗っていない鍋を出してくる、僕より激しい生活スタイルを生きる人（笑）。

トニーさんは出会った頃から、ずっと変わらない僕のヒーローです。トニーさんはいつだって、前を向いて、諦めず、自分の夢だけでなく、周りのみんなの夢も全力で肯定してくれる。本当の意味でのチャレンジを、挑むことの大切さを、いつも僕に教えてくれました。トニーさんの姿が、世界中を元気にしている。僕はその背中を追いかけながら、共に大きな芸人道を行きたいと思います。

世界を目指す人へ

世界旅に出るその前に、僕のような旅をしてみたい人へ、便利で実用的なグッズを紹介したいと思います。

僕が持って行ったのはこれ！

世界地図、ギター、タンバリン、カズー、「地球の歩き方」、服（とにかく早く乾き、かさばらずコンパクトになる素材のもの）、防水デジカメ、iPhone、ノートパソコン、Keenのサンダル（靴下を履くと靴にもなるような応用性があるサンダル）、コロンビアのジャンパー、HANG TENの薄手のジャンパー、前ジップのパーカー、ハーフパンツにも長パンツにもなる2ウェイパンツ、洗濯物を干す紐、両端がスプーンとフォークになっているプラスチック製食器、速乾タオル、タオルマフラー、折り紙、ポストカード、布ガムテープなど

意外と役に立ったのは布ガムテープ。結構、何でもくっつくし、破れたり潰れたりした時の応急処置に適しています。長旅だと人の家に泊めてもらう機会もあると思います。その時、手紙に折り紙で折った鶴を添えていました。荷物にならず、いざという時に使えましたね。

いちばん使えなかったのが防水デジカメ。ギリシャのロドス島の海が綺麗だったので潜って撮影したら、10秒で画面が真っ黒に。水深3メートルにも耐えられて、耐久時間は60分と書いていたのに！

ヨーロッパで「地球の歩き方」を全部データにして持っている人がいたのですが、紙の本の方がすぐ取り出せて見やすかったですね。あと新しい国や街に着くと、いつもインフォメーションで地図をもらっていました。

では、引き続き僕の旅をお楽しみください。

第3章
トニー、旅に出る
世界一周編
前編

Tony, sets out on a journey　the trip around the world prequel

photo Daichi Saito

遂に世界へ旅立ったトニー。カネもコネもなく、バスキングと少しの勇気だけが、彼の武器であった。

俺、オーストラリア行くし!!

結婚式に呼んでくれた友人と

難波から友達の車に乗り込み、関西国際空港へ向かう道中、関空道を流れる景色を眺めながら、様々な思いが頭の中を交錯していました。ただ、はっきりとわかっていたことは、「とにかく今からすごい旅が始まる」ということだけ。

友達に別れを告げ、2年の屋台生活を振り返りました。車の中で暑い日も寒い日も、良い日も悪い日も、馬鹿にされても、ずっとずっと自分を信じて夢だけを追いかけてきました。今ここにいるのが夢なのか現実なのかもわからないぐらい、まだ実感はなかったけど……。スタート地点に立っただけなのに、もう泣いてしまいそうでした。

「自分を信じてここまで来れたんだ。もう、行くしかない!」と、自分を奮い立たせ、2012年2月、念願の夢だった世界一周の旅が、オーストラリアから始まりました。

メルボルンから結婚式に誘ってくれた夫婦の家を目指したけど、言葉の壁がすぐさま襲いかかってきました。南米から期間が空き、旅の感覚が鈍ったのか？　バスにも乗れない、電話のかけ方もわからないといった状況。困り果てた僕を見ていたおばさんが話しかけてくれました。全部は理解できなかったけど、乗るバスのナンバーだけはわかりました。降りる場所はわからずじまいでしたが、「もうなるようになれ」とバスに乗車し、奇跡的に無事到着。友人と再会できた時は、本当に嬉しかった！　ただ、結婚式でパフォーマンスすると言っても、経験値はメキシコ、ペルー、ハワイでちょろっとやっただけ。大事な結婚式で披露するには、不安しかありませんでした。ギリギリになって「やっぱりちょっときついわぁ」って花嫁に言ったんですけど、「お酒を飲んだら大丈夫よ」なんて言われて……。まぁ、海外一発目のパフォーマンスのクオリティはひどかったですね。

安宿に泊まりながら、結局、オーストラリアには2ヶ月くらい滞在。バスキングで路上に出たのですが、メルボルンはハワイの観光地とも違った都市で、街で見かけたバスカーのレベルも高く、最初は「ほんまにこんな所で勝負できるんか？」と不安でした。

でも、これから本格的な世界一周の旅が始まるのに、「通用するか？　しないか？」を考えても答えはなく、屋台を始めた頃と同じ、「やるか？　やらんか？」だけが問題なのは理解していました。

路上に出る初日、やはり怖さは消えないので勢いのあるハードコア・パンクを爆音で聴いて自分を奮い立たせ、勢いをつけました。

なんとか路上には出れたものの、調子も出ず……。雨も降ってきたので引き上げようと思った自分に、「初日からこんなんでどうすんねん！　世界一周行かれへんぞ！」と活を入れ、屋根があるところへ移動して再開。初めてチップが入った時に緊張がほぐれて、調子が上がりました。この日のチップは、生活をギリギリできるか、できないかぐらいだったけど、南米やハワイでの感覚を取り戻せた気がしました。ちなみに、この頃はまだアヒルを被っておらず、「スターダックトニー」からは程遠い素顔でのスタイルでした。

ある日、路上で出会ったバスカーに「アンプを買ったらチップが倍になるぞ」とアドバイスをもらい、なけなしのお金から1万円を出してアンプを買ったんですが、思うような結果を得ることができず……。結局、意を決してアヒルを被ったことで、写真を撮られるようになりました。チップ文化がある国なので、観客は写真を撮るとチップを払ってくれ、早速アヒルマスクの成果が出ました。チップが倍になる日もあり、確実に「アンプよりもアヒルだ！」と思いました。パフォーマンスがうまい下手とか、恥ずかしいとかどうこう言ってる場合じゃない。とにかく、「絶対に世界一周へ行ってやる！」という気持ちでいっぱいでした。そんな思いの一方で、やっぱりギターがうまくなりたくて、夜中の公園でひとり、練習をしたりしましたね。

世界一周の旅に出るにあたって、事前に「行きたい場所・やりたいことリスト」を作っていました。オーストラリアは有名なエアーズロック。エアーズロック

エアーズロックにて

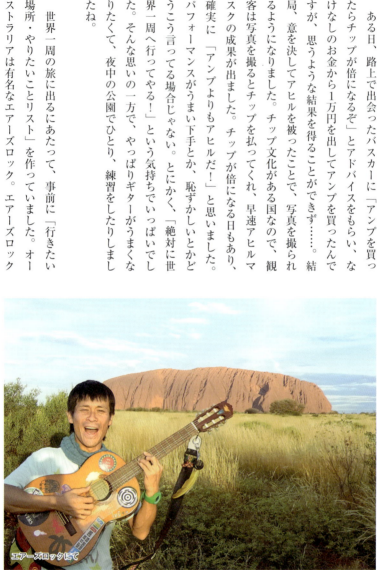

体験ツアー参加者のみんなでバーベキューをする機会があったのですが、英語ができない僕はひとりぼっち状態でした。でも、ギターコードだけ覚えていた「スタンド・バイ・ミー」を演奏すると大合唱になり、一瞬でみんなと打ち解けることができ、改めて「音楽って本当に国境を越えるな」と感じました。

メルボルンはバスカーに対しての制度がしっかりしているのが魅力。観光客でもバスキングのパーミット（許可証）が取れるんです。それさえ取得すれば、誰でも気軽に路上に出てパフォーマンスできます。流石、音楽大国！

その反面、トラブルもありました。大柄の男3人と女性ひとりがチップの代わりにポテトを入れてきたんです。僕はギターを構えて威嚇しました。一度は退散したのですが、また引き返してきたんです。「向こうは男3人で体格も良い。完全に勝ち目はない。でも、ここで引き下がったら負けだ」と、強気でギターを構えたんです。すると、その勢いに押されたのか、女性が「もうやめて。お金が欲しいんでしょ」と2ドルを投げてきました。僕がお金の問題じゃないと声を荒げると、彼らはすごすごと退散していきました。実は、男のうち、ひとりはいつもバスキング中、僕に挨拶をしてくる顔見知りでした。集団になると人って変わるのかなと思うと、少し寂しい気分になって……。まあ、2ドルはちゃんとポケットにしまいましたが（笑）。

1ヶ国目から世界の洗礼（？）を早速浴びることになったのですが、さらに勇気を振り絞り、直感を信じてダーウィンのフリーマーケットに潜入。違反の罰金が高いと聞いていたので、ビビりながらバスキングをしていると、主催者が近づいてきました。やばいかなと思いましたが、二つ返事でバスキングの許可を出してくれたのです。でも、今度は他のバスカーから睨まれたり、ヤジられたりと一触即発状態でした。チップもめちゃくちゃ入っていたので、飛び入りの僕の存在は面白くないですよね。でも、直感を信じたからこそ、良い結果を得られました。こんなトラブルがありながらも、やれることはやりきったと感じ、次の国に向かうべく、バリ~シンガポールの、ストップオーバー可能のチケットを手にしました。

俺、インドネシア行くし!!

オーストラリアでは、「なんとかこの先行けるかも?」という手応えというか、バスキングのチップで旅を続けるという希望は見えた感じでした。でも、それはオーストラリアがバスキング大国だからってだけとも考えられ、次の国への不安は大いにありました。

インドネシアのバリ島には10日ほど滞在。オリジナル雑貨を作って、ヨーロッパ辺りで売ってみたいというのが主な目的でした。第1章にも書いた「旅をしながらお金を稼ぐ」ことに強い憧れがあり、「旅商人《たびあきんど》」になりたいってずっと思っていたんです。旅を終わらせずに生きていきたい僕にとって、最高の職業かなと。もちろんバスキングも旅商人の活動のひとつです。

購入した雑貨をバスキングで販売

ストップオーバー　目的地へ向かう途中の乗り継ぎ地で、24時間以上滞在すること。

民芸品や雑貨の盛んなウブドという街でシュシュを作り、バリ雑貨を購入。雑貨は日本の知り合いに送って、売ってもらった売り上げを送金してもらう目論見でしたが、結果的にはうまくいきませんでした。バスキングしながら雑貨も売りましたが惨敗。よく考えると、バリでバリ雑貨を売るなんて普通すぎて誰も寄り付かないし、観光客もちゃんとしたお土産物屋で買うって！　結局、頑張ってもチップが240円と散々でした。けど、通りがかりのバイクの人がいったん戻ってまでチップを入れてくれたり、仕事中に見てくれた人が「感動した！」って言ってくれたり、仲良くなったおっちゃんが「今日もバスキングしに来いよ！」って声をかけてくれたり、ぜんぜん知らない街で僕みたいな人間をかまってくれたんです。儲けは240円でしたけど、それ以上の重みを感じました。

最終日、クタビーチで眺めた夕日はとても綺麗でした。夕日を眺めていると、ひとり旅の切なさと楽しかった思い出が混じって、「これからの旅はどうなるんだろう？　次の国は良い波が来るのか、来ないのか？……そんなことを考えていました。そして、目の前で波に乗っているサーファーに、「乗ってみないとわからないぜ」と言われてる気がしました。

俺、シンガポール行くし!!

シンガポールには2012年5月～6月の1ヶ月ぐらい滞在。僕は夏が大好きで、汗をかくぐらい暑いのが好きなこともあって、気候もぴったりでした。ちなみに、世界一周の旅は気候を大事にしていました。まずヨーロッパを巡る時期を、ハイシーズンに合わせたかった。夏って人のテンションも高いし、楽しむ体制ができてるというか、間違いなく観光客も多い！　これが屋台で学んだことのひとつです。

メキシコで一緒に東日本大震災のメッセージを集めていた夫婦との再会や、お金を盗られて、5000円のウクレレを買って、それでお金を稼いで自国に帰ろうとしていた、とんでもないバイタリティのアメリカ

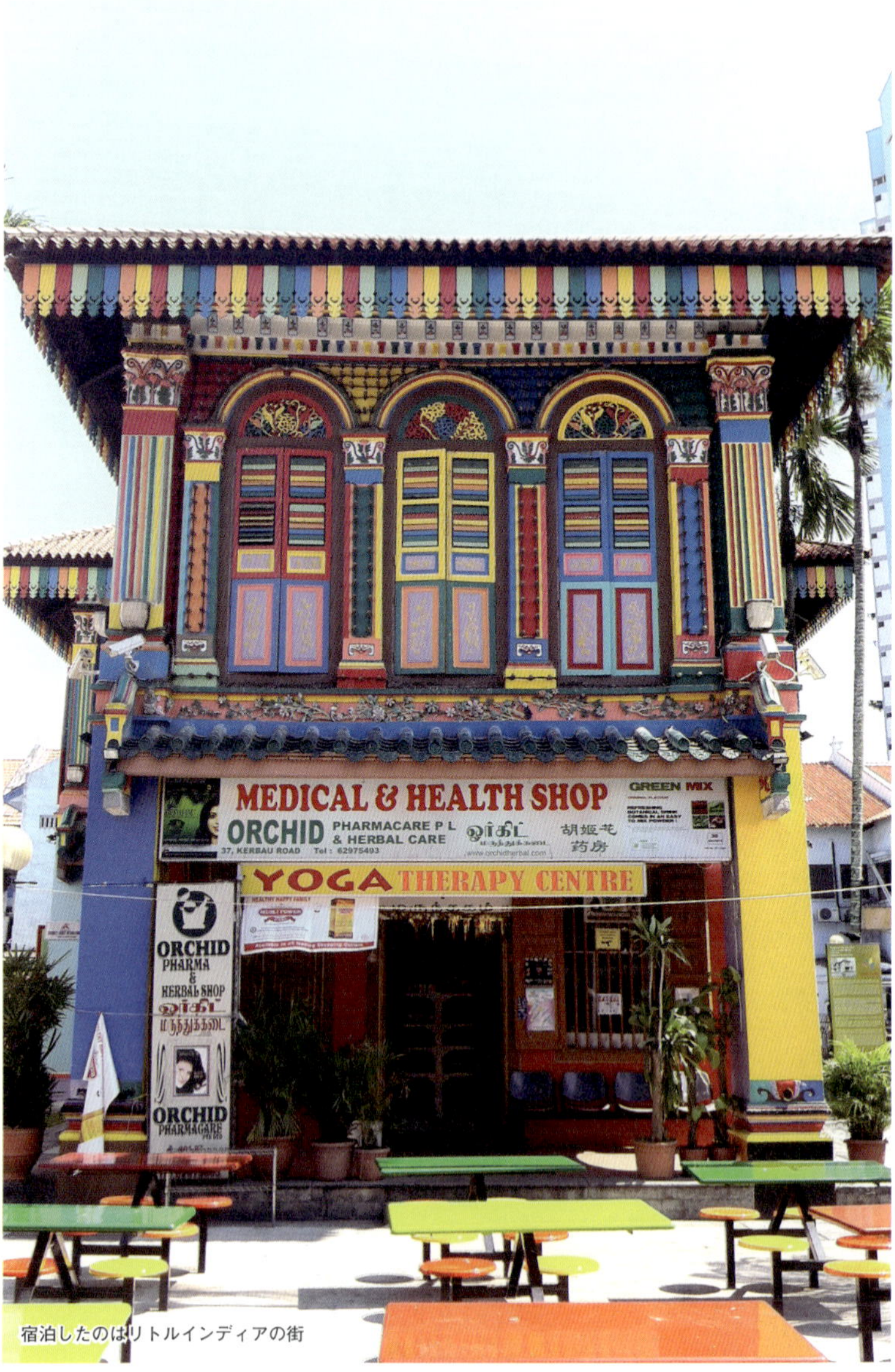

宿泊したのはリトルインディアの街

人クレイとか、良い出会いも多かったです。ちなみに、クレイはバスキング中に出会った女性と結婚し、現在、シンガポールに住んでいます。

そんな中、いちばんの出来事は、ギター教室の先生アンドリューとの出会い。

バスキングの最中に、「子供の発表会で4分の時間をあげるから、パフォーマンスをやってみないか？パフォーマンス後にチップも集めるから」と声をかけてきたんです。「たった4分のパフォーマンスでチップを稼げるのか？」と心配でした。それに、半日は潰れるだろうし、路上でバスキングして稼ぐ方が今の自分にとっては大事じゃないのかとも思いました。路上ですら経験が少ないのに、室内でできるのかという不安もありました。ただ、アンドリューがめちゃくちゃ良い人だったので、直感を信じてパフォーマンスを引き受けました。結果、子供たちや父母の方々の温かい歓迎を受け、約1万円のチップが入る快挙！　打ち上げで子供たちがご飯を食べる姿も可愛くて癒されました。

別れ際にアンドリューが、「トニー、世界一周が終わったら、いつでもここに戻っておいで！　必ずまた一緒にやろう！」と言ってくれました。「いつでもここに戻っておいで」という一言は、旅人の僕の心の中にグッときて、遠い異国で「ホーム」を得たような気持ちになりました。

当初は一度マレーシアに行って、ビザを延長してからシンガポールに戻って、もう少し稼ごうと思っていました。でも、彼の一言は「次に向かえ」という合図だと思い、次に進むことにしたんです。

この気持ちを、どう伝えたらいいんやろう……
完全に、誰ひとりとして知らない街に来て
いつ、どう転ぶかわからん道端に立って
何百人？　何千人？
何万人の中のひとりが声をかけてくれて
一緒に時を過ごして
いつでも戻っておいでって……
なんか、自分の中の物語のひとつが

完結した感じになって
もう、嬉しすぎて、嬉しすぎて、嬉しすぎて……

やりたいことリストにあった「マリーナベイ・サンズのラウンジでカクテルを飲む」というミッションも達成。一緒に行った現地の日本人曰く、「バックパッカーでここに来たいって人は初めて」と。でも、僕は既成概念にとらわれないで、もっと自由に、行きたい場所へ行って、やりたいことをやろうと、素晴らしい夜景を見ながら思いました。

戻りたいと思える国シンガポールの次は、陸路でマレーシアに突入することに。

俺、マレーシア行くし!!

バスキングをしていると、チップで違う国のお金が入ったりすることがあります。これが意外と助かるんです。シンガポールからバスでマレーシアに入国。首都のクアラルンプールに向かう途中、ご飯休憩がある

音楽教室のみんなと子供たち

んですが、マレーシアの通貨しか使えないんです。ただ、こういう所だと、かなり低いレートで両替されるんです。僕はチップで入っていたマレーシアのお金（リンギ）が少しあったので、両替せずに食べることができました。これは、バスキング旅ならではのことだと思います。

クアラルンプールに着いて、モノレールでマハラジャレラ駅そばにあった中華系の安宿に滞在。発展途上国の安宿ではエレベーターやエスカレーターがない場合が多いんですよね。重い荷物を持って移動するバスカーにとっては、最大の敵です。宿が階段だとかなり凹みます。あと、バスカーになってからは、新しい街に着くと、移動をスムーズにするため、まずエレベーターやエスカレーターを探すようになりました。

バスキングを開始しましたが、現地の人たちはこちらをガン見。しかも、顔が、目が笑っていない。正直、怖かったです。こんなにポップなことをしてるのに、「なんでや!?」と。さらにパフォーマンス中に目を合わせると逸らされたりもする。シャイなのかなと思っていたら、バスキング終了後に頭を布で覆ったマレーシア独特の格好をした女性が、「一緒に写真撮っていいですか？」と来てくれました。女性は笑顔だったので、少し気分も落ち着きました。なんか不思議なスタートでした。

ある日、バスキングを終えて、ちょっと休憩しようと思ってたら「こっちでやった方が、絶対に稼げるから」と、マレーシアの街頭アンケート員の人たちに案内された場所が街のど真ん中。最初は「こんな、ど真ん中でやったことない」と悩みましたが、彼らは「もしチップが入らなかったら、俺たちが入れるから！」とまで言うんです。「そこまで言ってくれてるのに、やらないわけにもいかないよな！」と、バスキングの用意を始めた時点で人だかりができて、チラッと見たら、全員ガン見だし笑ってない。恐怖しか感じない中、始めることになりました。

アヒルを被り、気合いのみでバスキングを始める

様々な反応に緊張した

と、そこからは自分との戦いのみ。「絶対にガン見に負けたらあかん！」と自分自身に言い聞かせ、無我夢中で演奏しました。ガン見から笑顔になりチップをくれる人もいれば、「コイツは、ダメだー」みたいなジェスチャーの人もいたりと、反応は十人十色。ここまでの旅の中でいちばんじっくり見られた場所じゃなかったかな。心臓がドキドキし、爆発寸前の緊張感の中で、時間の感覚が全くわからなくなりましたが、おそらく10分ぐらいだったと思います。それがもう限界でした。チップは10分にしては入った方だったかな。

バスキングで稼ぐことばかりを考え、気を張りすぎていたためか疲れ果てていました。そこで、当初の予定を変更し、大阪のタイ料理屋のキッチンで一緒に働いていた気心の知れた友達が住んでいるタイに行こうと思いました。それに海外では高級品の日本食が、タイの竹亭という店だと約５００円で定食を食べられるんです。一度訪れたことがある国だし、確実にリラックスできるということも決め手のひとつでした。

俺、タイ行くし!!

マレーシアからタイへはバスで向かいました。9時間ぐらいでタイのハジャイに到着。そこから再びバスで、友達のいるバンコクへ。

３日目の夜、やっと大阪の友達と何年かぶりの再会を果たしました。旧友との再会は、旅で出会う人とはまた違って、日本にいるような安心感があり、疲れが一気に取れました。それだけでタイに来て本当に良かったと思えました。

タイでは、バスキングするつもりは全くなかったのですが、数日後、たまたま街を歩いていると、路上でバケツドラムをやってるバスカーに遭遇。じっと見ていたら、いきなりこちらに向かって来て、スティックを渡されました。「叩きなよ」との合図に、「僕がドラム？」と理解するまでに時間が少し必要でしたが、「渡されたからには！」と思い、がむしゃらに叩き始めました。すると、バスカーとしての血が騒いできて、一気に「そう、これこれ！　この感覚！」と。15分ぐらい演奏した後、「コップンカップ！」と笑顔で挨拶し、お互い自己紹介をしました。

彼の名前はシャノン。なんと彼は「これ持っていきな」と集まったチップを全部くれたのです。僕たちはそれから一緒にバスキングしたり、どんどん仲良くなっていきました。色々と話すようにもなって、僕が衝撃を受けたことがありました。それは、シャノンには子供もいて、バスキングで家族を養っているということ。僕なんてひとりで生活するのでギリギリなのに！　僕も彼のようになりたいと思うとともに、バスカーライフに夢を与えてくれたんです。しかも、チップを全額くれた器のデカさもかっこ良すぎ！　世界一周で数多くの人と出会いましたが、間違いなく僕に大きな影響を与えたひとりがシャノンでした。

もうひとつ印象的な出会いがありました。バスキン

シャノンとトニー

グを一眼レフで撮ってくれたスイス人のリプレから、「スイスに来ることがあったら絶対に訪ねてくれよ！」と言われたんです。普段だとなんとも思わないのですが、なぜかその出会いには運命的なものを感じました。彼も同じく旅人で、しかも41歳になってから夫婦で8年かけて世界一周をしたそうなんです。それも自転車に乗って。自分よりも年配の人が頑張っていると、とても励みになります。後述しますが、スイスでは実際にお世話になることに。

気を休めるつもりで寄ったタイで、刺激的な日々を過ごすことができたのでした。

俺、トルコ行くし!!

アジアとヨーロッパの架け橋となるトルコへは空路で入りました。

トルコでのやりたいことは、ずばり気球に乗ること！　それと、黄熱病の予防接種を受けること。海外の方が日本より安く予防接種を受けられるのですが、なんとトルコはタダ！　これを逃す手はありません。

着いて次の日に、黄熱病の予防接種を受けに病院へ向かいました。予防接種の後、また別の注射を笑顔で打とうとするので、「これ何？」って聞いたら、トルコ語なので全く理解できず……。結局、何の注射だったのか、未だにわかりません。

トルコでのバスキングは波乱の幕開けでした。路上に出た2日目に、アンプをザビタと呼ばれる市警に没収されたのです。そのタイミングで、亮ちゃんと呼ばれる、コンタクトボールや火を回すパフォーマンスを繰り広げるバスカーと出会いました。

彼はトルコでバスキングして約1ヶ月。同じように、ジャグリングの道具を没収されたことがあるそうで、「どこに取りに行ったらいいんやろう？」と相談しました。すると、返却場所までついて来てくれたんです。亮ちゃんを見たザビタは「またお前か……」と話しかけてきました。「今日は俺のじゃなく、彼のアンプを取りに来た」と交渉が始まりました。罰金82リラ(当時のレートで3700円ぐらい)を払うつもりだっ

コンタクトボール　コンタクトジャグリングで、手や体の上を転がすように操るボールのこと。

ザビタからアンプを取り戻した

たのですが、なんと彼のおかげでアンプが無償で返ってきたのです。もう嬉しすぎて感謝以外なかったです。

ちなみに亮ちゃんは、現在、有名アーティストのバックでパフォーマンスをする、すごい人になっています。

トルコの両替屋でこんなことがありました。

バスキング旅はチップで小銭持ちになりがち。気球に乗るための貯金として貯めていた小銭を、札に替えてもらおうと両替屋に行きました。亮ちゃんから「きっちり数えて、持って行かないとボラれるよ」って聞いていたのですが、両替屋が急かしてくるだけでなく、僕も焦りと疲れとで、そのまま数えずに渡してしまったのです。結果、僕の大まかな計算では2万円ちょっとあったはずが、約8000円とかなり減った額で返ってきて……。「もっとあったやんか!」と交渉しましたが、あとの祭り。「なんのために頑張っていたのか?」と気持ちはどん底に。でも、後悔しても過去は変わらないので、無理やり自分を奮い立たせました。

そんな中、素晴らしい思い出もあります。僕は普段

からギターを強く弾く癖があって、爪や手がボロボロなんです。アンプを取られていた期間、少しでも音を大きく出そうといつもより強く弾いてしまい、さらに爪がボロボロになってしまいました。お金も節約しないといけないし、指にセロハンテープをぐるぐる巻きにしてバスキングしていたんです。そんな時、同じ宿で、ヨーロッパの自転車旅を目論んでいた日本人4人組のひとり、シゲ先生が黙って僕のベッドに「ちっぷふぉーゆー」と書かれた手紙と共に、絆創膏を5箱も置いたままトルコを出て行ったんです。

亮ちゃんにシゲ先生……見知らぬ国で1~2回しか会ったことがないのに、こんなに親切にしてもらえるなんて……。

旅での出会いって
一緒に過ごす時間の長さは短いけど
ほんと濃い時間を送れることで
一気に仲良くなれる感じがして
旅の良さのひとつだと思う

トルコの子供たちと

ちなみに、トルコでのバスキング中にわかったんですが、人は笑ったり、感動したりしたらチップをくれるんですね。というのも、トルコで演奏中に写真を撮られていたのに、チップがなかなか入らない。「お前らが撮るのなら、俺だって撮ってやる!」と、バスキング中に、いきなり僕からもオーディエンスの写真を撮りだしたんです。その行為が妙にウケて、その日からバスキング中に相手を撮るようになりました。いかにしてお客さんが笑ってくれるかを、試行錯誤をしながら探していました。

様々な意見、情報などが夢を見失わせたりするけど
本当は自分がしたいことは
誰よりも自分が知ってるし
本当の敵は、人や情報でなく
自分の中に存在していて……
とにかく一歩が、大事なんだ
どうなるかなんて、誰にもわからない
僕の旅も、この先、どこで終わるかわからない……

イスタンブールでのバスキング

でも、それまで夢を追いかけていたい
僕には、夢がある

トルコからギリシャへは、船で入るルートに決めました。ついに、念願のヨーロッパ上陸。その前に、マルマリスでボッサボサに伸びきった髪を切って、オシャレにヨーロッパの生活を過ごそうと思い、小さな散髪屋に入ったのですが、そのお店にはなぜか「ヘビーメタル」の写真3枚と「20年くらい前のブラッド・ピット」の写真が貼ってありました。店の人が「どの髪型にする？」って聞いてきましたが、この時点で「終わったな」と。けど、その選択肢だと、どう考えても「20年くらい前のブラッド・ピット」しかない。しばらくすると、髪型どうのこうのより、もみあげの長さも左右で違うという、とんでもないことになっていました……。

結局、ヨーロッパに入っても、しばらくは帽子を脱ぐこともできない髪型に。

変な髪型で、いよいよヨーロッパへ！

JAPAN
AUSTRALIA
INDONESIA
SINGAPORE
MALAYSIA
THAILAND
TURKY
GREECE
ITALY
SPAIN
SWITZERLAND
GERMANY
AUSTRIA
IRELAND
FRANCE
MOROCCO
EGYPT
ARGENTIA
BRAZIL
AMERICA
HAWAII

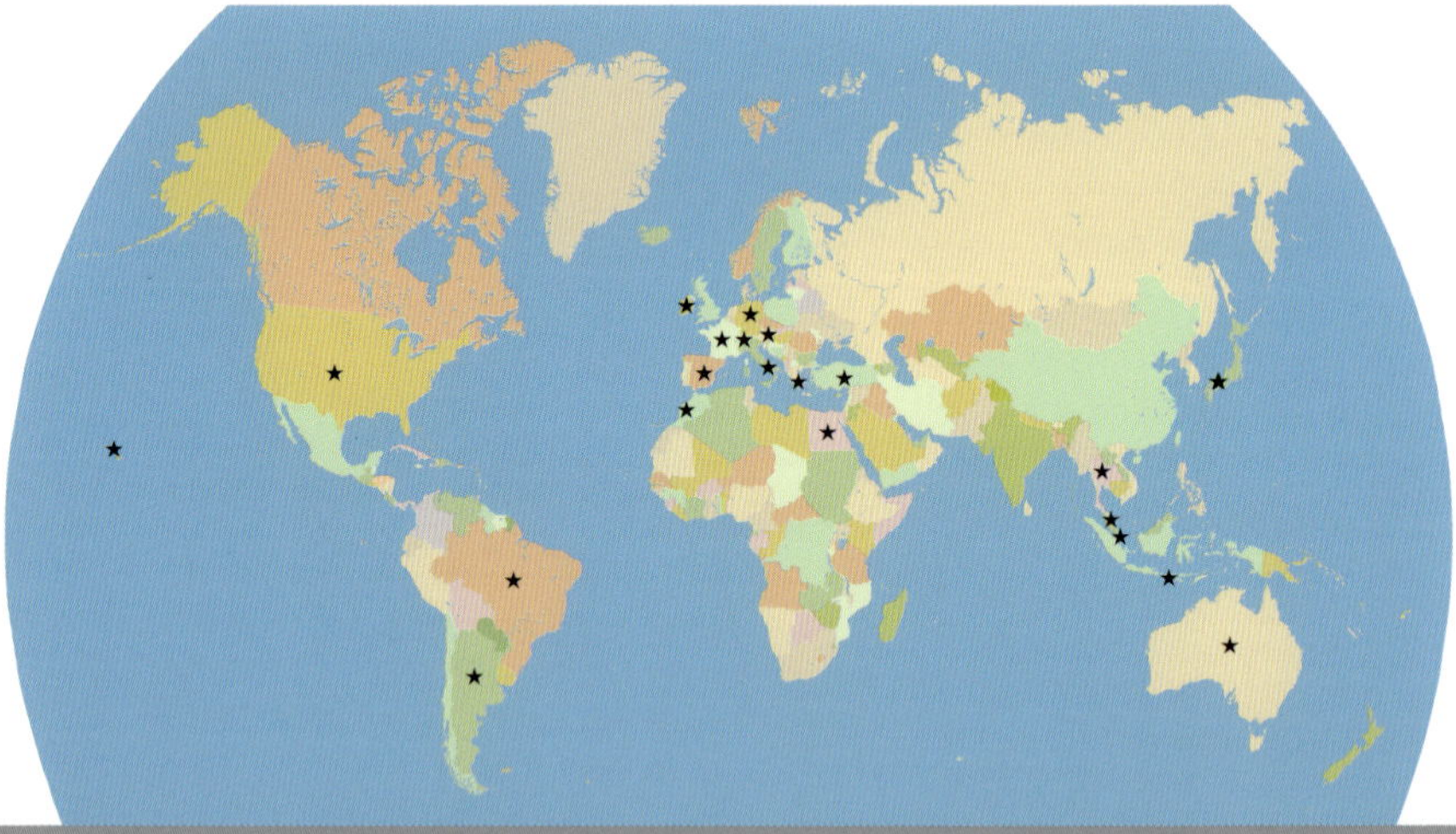

the world trip

第4章
トニー、旅に出る
世界一周編
後編

Tony, sets out on a journey　the trip around the world sequel

ハードな旅を続けるトニー。へこたれても立ち上がり、次第にタフさを身につけていく。ヨーロッパ圏へ突入した彼を待ち受けるものは？

俺、ギリシャ行くし!!

初のヨーロッパ圏であるギリシャのロドス島に到着。

ここは観光地で、「バスキングをやったら、ひょっとしたら当たるんちゃうか」、そんな思惑が頭をぐるぐると駆け巡りました。街全体が遺跡みたいになってる島で、シチュエーションも最高！

……結果、全く知らずに、世界遺産の中でバスキングをやっていました（すぐ警備員が飛んできました……）。

というわけで、気分を変えてギリシャでいちばん行きたかったサントリーニ島へ。

パルテノン神殿前にて

サントリーニ島の街並みは、想像以上に素晴らしく綺麗でした。ただ、宿の近くでバスキングを試みるも、チップの結果は約300円。しかも、バリ島で作ったシュシュの売り上げはゼロ！

僕はこの時、バスキングと雑貨販売の二足のわらじが惨敗の原因だと気づきました。見ている人は、バスキングにチップを入れたらいいのか、雑貨を買えばいいのか、戸惑ってしまいますよね。悩む間もなく僕はバスキングを選び、残った雑貨はすべて日本へ送りました。

サントリーニ島の後に向かったアテネで出会ったバスカーに、「夜はいけるぜ」と言われ、少しだけ希望の光が。落ちているコインを拾おうとしたら、なぜかボンドでくっつけられているという、恥ずかしいやら腹が立つやらの意味不明な思いをしたり、ちょっとした「孤独」を感じていた時期だったので、彼の一言は心に優しい希望の明かりを灯してくれました。ひとり旅は孤独との戦いという側面もあるので、「こういっ

子供のバスカーと

た出会いって良いなぁ」とも思いました。

でも、実際には夜もそれほど稼げませんでした……。理由は簡単、この頃のギリシャは経済危機の真っ最中。ロドス島とサントリーニ島は観光地でもあり、そこまでひどくはありませんでしたが、アテネの街はなんか暗い印象だったんです。

ギリシャでは、子供のバスカーも見かけました。こんな小さな子がバスキングして稼がないといけないくらい、大変な状況だったんでしょう。しかし、ギリシャの経済危機に同情ばかりもしていられません。食費をギリギリまで削り、安くて栄養があるトマトとバナナを主食にするほど、トニー共和国の方が、もっと深刻な経済危機だったからです！

結果、２週間ほどでギリシャを発ち、イタリアに向かうことになります。

俺、イタリア行くし!!

ギリシャからイタリアに入るには、まずバーリに入る高いルートと、ブリンディジに入る安めのルートという2つの選択肢があります。

トニー共和国は経済危機の真っただ中なので、もちろん、迷わず安いブリンディジのルートを選択。

しかし、ブリンディジはバーリの少し南に位置するマニアックな街。そちら側に向かう人も少ない。さらには、目的地であるナポリに向かう便も少なく、有名な電車「ユーロスター」でないと無理ということが発覚。ユーロスターの運賃は66ユーロ。バーリからナポリまで、バスだと20ユーロで行けたんです。結局、安くあげるつもりが、かえって高くつくハメに……。

ギリシャに続き、旅って目先のお金じゃなく、俯瞰して見ないとダメだなと勉強したのでした。

しかし、「ヨーロッパ、異様に金かかる説」は、まだまだ続きます。

ピサの斜塔とトニー

ユーロスターでゆったりと電車の旅を満喫（?）し、無事にナポリに着いたはいいのですが、宿探しでひと苦労します。どこも満室で、あてもなく街を彷徨い歩く……もう、野良犬ですよ。重い荷物がさらに重く感じられ、足も思ったように進みません。景気づけにレッドブルを流し込みましたが、残念ながら、翼を授けられることはありませんでした。

満身創痍で歩いている時、思い切って声をかけた通りすがりのイカつい兄ちゃんが案内してくれるとのこと。「渡りに船」とついて行くと案内してくれた先は、星付きの超綺麗なホテル。内心、「無理無理無理無理ーっ!!」と思いつつ、一応はお礼を言って、その場を立ち去ろうとしたのですが、もう、足が一歩も動かない。コソッとホテルの料金を見ると、経済危機を迎えているトニー共和国にとって、国家存続を揺るがしかねない高額！

……ここからの記憶があいまいなのですが、気がつくと、クーラーの効いた心地の良い綺麗な部屋で、ふかふかのベッドにぶっ倒れていました。

ユーロスターに星付きホテルと、贅沢の限りを尽くしてしまったので、ここからバスキングで挽回しないとどうしようもありません。幸い綺麗なホテルで一泊したことで英気も養われて、翌日、意気揚々と街に繰り出しました。

……しかし、ナポリも、全くチップはダメ。「もう、100円、いや、1円でも！」という気持ちで、このままでは世界一周どころじゃなく、くたばってしまうと本気で思っていました。

唯一の支えがチップの入る瞬間で、「人に笑顔になってほしい」とか考える余裕はなかった。とにかく、世界一周を達成させるための金のことだけしか、考えることができなかったんです。

危機感を募らせつつ、ローマへ移動しました。映画『ローマの休日』にちなんで、書き綴っていたブログのタイトルに「ローマのバスキング」とつけたかったのがその最大の理由。

道売りの人たちも大勢いて華やかで、結婚式を挙げているカップルもいました。すると、新郎新婦が僕のギターに合わせて踊り出したのです。2人を撮る専属のカメラマンも新郎新婦のテンションにつられるように、僕をパシャパシャと撮影するので、周囲の人も「こいつ、写真を撮られるくらいすごいヤツなの？」と勘違いしたのか、どんどんチップが入りだしました。結局、9000円ほど集まり、僕はこれを「ローマの奇跡」と名づけました。

本当にどこで何が起こるかわからないと思った僕は、「やれるだけやった方がいい!! そうだ、ずっとローマにいよう! そして、稼げるだけ、稼ごう!!」と思いました。

その矢先、日本の友達から「お盆休みにスペイン行くから会おう」という連絡が……。正直、移動したくないという気持ちでいっぱいでした。

結婚式を行っていたカップル

最高だったローマでのバスキング

俺、スペイン行くし!!

「ローマの奇跡」が名残惜しく、後ろ髪を引かれる思いでスペインに。

予定外の移動の出費は痛く、体力的にも限界ギリギリ……。さらに、まだまだ稼げそうな「ローマの奇跡」のことを考え、道中はイライラしっぱなしでした。

しかし、いざ友達とバルセロナで再会すると、さっきまでのイライラや旅の疲労がウソのように吹っ飛び、嬉しさしかありませんでした。

しかも、母からの救援物資を届けてくれ、新しいデジカメ（持ってきたものは水没して故障）まで買ってきてくれていました。さらに晩ご飯を奢ってくれただけでなく、彼が泊まっている部屋に泊まれるように手配までしてくれて、本当に感謝しました。

バルセロナのバスキングは外国人に対して厳しく、最悪、楽器の没収もあると聞いていました。かなりビ

アヒルマスクは世界でも反応が良かった

ビっていましたが、来たからには1回だけでもバスキングするしかない！　それに、1回目は知らなかったで通るだろうし。

案の定、15分ぐらいで警察がやってきましたが、予想通り注意だけで済みました。

ちなみに、現地の道売りは警察が来てもすぐに逃げられるように、白い布の上に物を並べて、一瞬で片付けられるようにしていました。生活の知恵ですね。

そして実はこの時期、スペインのトマト祭（ラ・トマティーナ）に行くつもりにしていました。トルコにいた時から、すでに宿を押さえていて。というのも、トルコで出会った旅人たちと、そこで再会を約束していたのです。が、ヨーロッパに入った時に改めて、トマト祭のことを考えたら「バックパッカーは世界一周する充分なお金を持っている。僕は稼がなければ旅を続けることができない。そんな自分の状況を考えたら、行ってる場合じゃない」と思い直したんです。しかも、ギリシャで僕の大事な主食だったトマトを投げるなんて……と、さらに気が乗らなくなったのは、言うまでもありません。でも、後で知ったのですが、あれって食用のトマトじゃないんですね……。

トマト祭の予約を蹴った僕は、スイスに行こうと直感的に閃きました。

俺、スイス行くし!!

スペインから飛行機でスイスへ。

この頃、ちょっとした心境の変化がありました。毎日バスキングが続くと、それが当たり前になってきていました。最初は海外にいるというだけで刺激的だったのに、それが毎日続けば当たり前に思えてくる。刺激を感じなくなっていて、このマンネリをどう打破しようかと考えて出た答えがこれでした。

旅……

いや、人生という旅自体に色んなスパイスを加え様々な料理を作って、時間というものを少しでも美味しくいただいて、生きていきたい

バスキングを見る多くの観客たち

無事にスイスに到着しましたが、事前の情報で「スイスは物価が凄まじく高い、マクドナルドのセットがいちばん安いやつで1000円はする」と聞いていたので、不安が少なからずありました。が、同時に「物価が高いということはチップも高いはずだ！」という期待でスイスに来たと言っても過言ではありませんでした。もちろん、この思惑が外れると、物価高のスイスで地獄を見なければならなくなります。

そんなイチかバチかの状況下、チューリッヒで行ったバスキング初日は……すごい人！　どえらいことになりました！　わざわざ反対車線からチップを入れに来てくれる人もいたりと、3時間で3万円くらいのチップが舞い込む快挙！　思わず、「ここや！　探していた場所はまさにここや!!」と叫んでしまいました。

「さぁ、このまま2日目も盛り上げるぞ～！」とバスキングを始めると、速攻で2万円のチップをゲット！……するも、すぐにコップス・アー・カミング!!　警察に怒られている最中、パフォーマンスで使っている「ピッ」ってアヒル音が出てしまい、警官は笑ってま

41 歳から自転車旅行を始めたリプレ夫妻

したけど、許されるはずもなく中止させられてしまいました。

しかし、トマト祭をやめてスイスに来たことで、ひとつ確信が持てました。周りの意見に流されず、自分の直感を信じて、自分が行ってみたい場所へ向かうべきだと。

タイで写真を撮ってくれたスイス人リプレとも再会することができ、彼からスイスの有名な山、マッターホルン行きのチケットをプレゼントされました。マッターホルンに向かう間、こんなことを思いました。

目的地に向けて予定を立てて行くのも旅だ
予定を立てず行くのも旅
それが旅じゃなくても、夢だったとしても
夢があって生きていくのもいいし
夢を探して生きていくのもいいし
それが夢じゃなくて

人生だったとしても
好きなことして生きるのも人生だし
誰かを守って生きるのも人生だし
旅も色々、夢も色々、人生も色々
比べるものなどひとつもないのに……
僕らはすぐ何かと比べたがる
比べた結果、生まれてくるものは
ねたみ、嫉妬……
この広い宇宙の中、旅でも、夢でも、人生でも
今見えているものや、感じているものに
それぞれの色を塗って、世界ができている

ギターを持って行っていたので、途中、マッターホルンの駅近くで、バスキングでもしようと思ったのですが、どうも無理そうでした。仕方なくマッターホルンを登っていると、日本人観光客のおばさん連中とすれ違い、「あんた、なんでギターなんか持ってるの？」と不思議そうに声をかけられました。バスキングをしながら世界一周の旅をしていることを告げると、「頑張りなさいよ！」と1700円ほどくれたんです。まさか山を登ってるだけで……ありがとうございます。

僕はあまり言葉の壁を感じないというか、わからない言葉の国でもジェスチャーやノリで乗り切っちゃえるというか、それも旅の醍醐味だと思っているんです。でも、スイスで「ちょっと待って！」って感じの体験をしました。

それは、屋台時代、徳島県で出会ったスイス人のパトリシアの家に遊びに行った時のこと。

ヴィンタートゥールという街で2年ぶりぐらいの再会を果たし、喜んだのも束の間、彼女は「明日は仕事で案内できない。お父さんを呼ぶから案内してもらって！」と言いました。

そんなわけで翌日、「初めまして」のお父さんと2人っきりのドライブ。レッド・ホット・チリ・ペッパーズのヴォーカリスト、アンソニーが歳を取ったような渋い人でした。彼は英語がわからない。僕は「DANKE（ありがとう）」しか、ドイツ語が話せな

い……。

結局、合計10時間もドライブするハメになったのですが、お互いに「DANKE」の応酬。さすがにきつかった！ 言葉のわからない者同士、密室に長時間一緒にいるのは、お勧めできません。

バスキングではいい感じで稼ぐことができて、それに加えて再会と刺激的な挨拶「DANKE」を体験できたスイスにさよならし、次はドイツを目指します。

俺、ドイツ行くし!!

ドイツ初日のバスキングは、人が少し集まりだすや否や、速攻で警察が飛んできました。

どうやら、お金を払えばパーミットが取れるとのこと。でも、そんなに長く滞在する予定でもないし、しばらく悩んでいると、警察が地図を指さして「この門を出たところならやっていい」と言ってくれたんです。

すると、そこにはすでに他のバスカーたちがいました。

僕がバスキングできるようなスペースもなく、仕方

トラブル続きだったドイツ

なくウロウロと彷徨っていました。夕方になりバスカーも減ってきましたが、いまいち心のスイッチが入らないというか、ノッてこない……。少しでも頑張ろうと、自分を鼓舞しました。稼ぎながら旅をする時って、こういった心構えが大事なんですよね。

最終日はあえて警察から怒られそうな場所でバスキングしようと思いました。パトカーが通ったら片付けて、見えなくなったらまたやって、来たら片付けて……と、こっちも馴れたモンで、コントみたいなイタチごっこを展開してました。

しかし、警察とのイタチごっこをもう少し楽しもうと、宿を延泊しようとしたら、繁忙期に入り、宿泊費が上がってしまい、悔しい気持ちで、そのままオーストリアへ移動しました。

俺、オーストリア行くし!!

急に決めたオーストリアだったので、宿探しも大変でした。ドイツでのイライラで、疲れも限界点に

知らないうちにモーツァルトの生誕地へ

きていましたし。そういえば、母親から旅前に2000円分くらいのユーロを、何かの足しにともらっていたのを思い出しました。これで日本食を食べてリフレッシュしようと店を探しました。しばらく歩くと、「カレー」の看板が！「これだ！カレーを食べて、元気100倍や‼」。……出てきたのはドライカレーでした。

「(以下、僕の心の声) おい！日本でカレーいうたら普通のカレーや‼これはドライカレーや！わかっとんのかいっ！おう⁉こんなドライカレー、うまいわけ……」。ドライカレー、めちゃくちゃうまかったです。

ドライカレーで英気を養い、翌日から街に出てバスキングを開始したのですが、近くのショップの店員がすぐに飛んできて、なにやら抗議をしてきます。場所を変えても、また違う人に抗議をされて……。この国はかなりバスカーに厳しいのかなと思って、よくよく聞いてみると、モーツァルトの生家のそばでバスキングをしていたんです。この国の国家的偉人モーツァル

子供達が集まってくれたが、手前の女性店員に怒られてしまう

念願のグラフトン・ストリートにて

トの生家の周辺でバスキングしたら、そりゃ怒られるっちゅう話です。

俺、アイルランド行くし!!

次に向かったアイルランドでは、ひとつやってみたい夢がありました。『ONCE ダブリンの街角で』という、バスカーを描いた大好きな映画があるのですが、その舞台となったグラフトン・ストリートでバスキングをしてみたいと、ずっと思っていたのです。

訪れてみると、巨大な一輪車に乗っている人、スタチュー（銅像芸）をやっている集団……そこはまさにバスカーの聖地でした！

夢だった場所にたどり着いて辺りを見渡し
今、自分が憧れていた場所に立っているなんて
夢みたいだった
ここまで来たんだなという感動がこみ上げてきた

道が広くて、バスカーが多くいるヘンリー・ストリートでもバスキングしました。バスキングの文化が根付いているので、チップも気前が良かったんです。けど、なんかイカつい。ガキもよく絡んでくるし、いきなりおばちゃんに中指を立てられて、「FUCK YOU！」って言われたり、ずっと睨んでくる若者がいたりして。夜歩いていたら、いきなり蹴られたりもしました。考えられます!? そんなこともあり、ずっと気を張っている状態が続き、精神的にしんどかったですね。だから、気を紛らわすためにアイリッシュパブに行ったりと、必死でした。もちろんバスキングを純粋に楽しんでくれている人たちの方が多かったし、彼らの笑顔が唯一、僕を救ってくれました。

アイリッシュパブにて

『ONCE ダブリンの街角で』　街角で出会ったストリート・ミュージシャンと音楽の才能を持つチェコ移民の女性が、音楽を通して惹かれ合っていく様を描いたロマンティックな映画。

でも、このままじゃ精神的にも良くないし、寒くなってきたのでフランスへ移動しました。

俺、フランス行くし!!

フランスの花の都パリ……ほんまに、オ・シャ・レ！有名なシャンゼリゼ通りを、さっそうと歩く人たちの姿は様になっていました。一方、この時の僕の格好は、パーカーにボロボロのズボン。街の雰囲気に圧倒されて、猛烈にシャツや革靴が欲しくなりました（買ってないですけど）。

ほんと様々な人種がいる
これだけ人種がたくさんいると
多分価値観とかもバラバラで
それでも、この街は成り立っている
そんなごちゃ混ぜなところが、日本にはない文化
そんな文化に
ここは世界的な大都市なんだなと感じた

シャンゼリゼ通りにて

服を買いたい欲求を抑え、ここしばらく調子の悪かったアンプと充電器を新調。本来ならばポンピドゥー広場でバスキングした後に、モンサンミッシェルへ観光に行こうと思ってたんですが、バスキングの機材に投資することを選びました。僕の中で意識が変わってきたというか、バスキングの比重が大きくなってきたんです。そのお陰か、バスキング中に素晴らしい出会いがありました。

駅員から受け取った街の案内図もオシャレだった

バスキング中に声をかけてくれたのが北村拓也くん。ダブリンで僕のバスキングを見かけたそうで、色々と話をしました。ダブリン在住でメガネ職人を目指しているとのこと。旅行でパリに来たそうです。そんな彼は、今やパリ在住で、世界を股にかけて活躍するメガネ職人となっています。

世界一周の旅で出会った仲間が成長し、ビッグになってるのは自分のことのように嬉しいですね！

俺、スペイン戻るし!!

モロッコに向かうためスペインに戻り、バルセロナのサグラダファミリア近くの安宿に泊まっていました。朝、1ユーロのコーヒーを買って、サグラダファミリアを眺める時間は贅沢な至福の時でしたね。

バルセロナは警察が厳しいので、チョロッとバスキングしてマドリッドへ向かいました。実は以前、バスカー友達から「マドリッドは全然稼げなかった」と聞

情熱の国のお祭りは熱い

サグラダファミリアにて

崩れ落ちる前に

夜のサグラダファミリア

いていました。でも、持ち前の負けん気が出て、「いや、僕は負けへんぞ！」と目をギンギンにして挑みましたが、全く稼げませんでした。きっとスペインの経済危機も深刻だったんでしょうね。……悔しいので、稼げないのは僕の腕ではなく、スペインのせいにしておきます（笑）。

さらにスペイン南部のアンダルシア地方に進み、セビリア、コルドバ、グラナダと回りました。

グラナダでは強烈な体験をしました。大聖堂付近でバスキングしようと用意をしていましたが、路上で花を売ってる人たちからは、かなり冷たい視線を浴びせられ……。強烈なアウェイ感に押しつぶされそうになりましたが、旅を続けるには「やる」という選択肢しかないんです。アヒルのマスクを被り、バスキングのスイッチを入れて戦闘態勢に入り、演奏を開始しました。すると、まさかのバカウケ！　近くのカフェのスタッフまで出てきて、写真を撮りだしたんです。見ているみんなが笑顔！　奇跡が起こったのかと思ったぐらい、この瞬間は本当に嬉しかった。そんなに裕福ではない花売りの人からもチップをいただきました。真っ先に冷たい視線を浴びせてきた若い女の子も、これ以上ない笑顔で色々話をしてくれました。

この時、僕はどんな状況でも「突撃」することの大切さを改めて思い知ったのです。

マラガに移動すると、バスカーの数が少なかったからなのか、アヒルが目立ったのか、たくさんの人が集まってくれました。

ハワイみたいに気候も良く、大好きな街になったリゾート地、マラガでのバスキングは、大勢のお客さんに囲まれました。

大勢の人に囲まれたとしても、一歩も引かなくなった僕。マレーシアですごい群衆に囲まれてビビッてしまった、あの時に比べたら精神的にタフになったと実感できました。

スペインでバスキングして、他の国と違うなぁと思ったのが、見てくれている人たちのノリ。フラメンコの本場セビリアでは特に、あの例の「オーレ！」という掛け声やフラメンコの手拍子（パルマ）を演奏に合わせ入れてくるんですよ。いかにも情熱の国・スペインって感じで、独特でした。

持ち運びのことも考え、ずっと小さいボディのミニ・ギターを探していて、マラガでギタレレに出会ったんです。マラガの宿の管理人がいつもかっこいいフラメンコを流していて、色々と話すようになり、ギタレレのことも教えてくれました。今もギタレレを使っているのは、彼の影響があるんですよね。サイズも理想通りだし、持ち運びにも便利なんです。

その一方、初めて旅の途中で風邪をひいてしまったんです。体はだるい。しかも、風邪薬が全く効かない。バスキングにも出られないし、お金は減っていく。焦る気持ちが加速し、精神的にも最悪でした。ただ、ヨーロッパの国家間では、検査なしで国境を越えることを許可するシェンゲン協定があり、その期限の都合で、風邪と最悪な精神状態のままモロッコに向かいました。

マラガ

俺、モロッコ行くし!!

スペイン南端に位置するアルヘシラスという街からモロッコに入りました。

先進国から、いきなり発展途上国へ。体調も精神的にも最悪な状態の僕に、えげつない数の客引きが寄ってきます。正直、もう、ウンザリ……。やはり、ボロボロの格好はしているけど、日本人。お金を持ってるように見えたんでしょうね。

まずは、有名なモロッコのバスキングの本拠地ジャマ・エル・フナ広場で、バスキングしようと考えました。毎晩屋台は夜中まで盛り上がってるし、たくさんの客引きでまさにカオス！　日本では考えられない状況でした。ただ、ここでバスキングした欧米人が逮捕されたとネットに書かれていたのを見て、ビビッてしまったんです。

まずは、モロッコ人のバスカーに、外国人がバスキングをしても大丈夫なのか聞いてみました。「この広場では、自由に誰がバスキングしても問題ない」という答えを聞きながら、僕は「まあ、そう言うわな～。捕まるのは、僕みたいな外国人だし、関係ないもんな」と思っていました(苦笑)。でも、少しだけ気が楽になったのも事実で、誰かに「大丈夫」って言ってもらいたかったというのが本音でした。彼に「ここで少し弾いてみろ」と言われ、ギターを弾きだすと、少し緊張がほぐれました。この感じのままいこうと決意が固まり、そのギターの音で、何人かが立ち止まってくれました。

「よし！　行くぞ！」とアヒルを被って演奏開始。その瞬間、「逮捕」の文字は頭の中から消えました。余裕なんてひとつもなかったし、演奏もうまくなかったかもしれないけど、「俺はここまで、こうやって生きてきたんだ」というプライドが溢れだしたんです。「ここで倒れて負けるか」という思いで、何かわからないものと壮絶な戦いを繰り広げました。

その気迫を感じてもらえたのか、凄まじい人だかりが。段々と僕の近くまで人が迫ってきたけど、この時

は、なぜか気になりませんでした。絶叫しながら、何かに取り憑かれたようなバスキングは、目的地がなく走ってるという感じでしたが、時間にして20分ぐらい。でも、観客にはこれまでの色んなドラマを感じてもらえたのかもしれません。手拍子が起こったり、演奏後にはたくさんの人から大きな拍手をもらい、民族衣装を着たおじさんには「ウェルカム・モロッコ！」と声をかけられ、本当に感動しました。

演奏が終わった瞬間、完全に力尽きてぶっ倒れそうになってしまいました。でも、モロッコのバスカーがチップを集めてくれて、本当にバスキングして良かったという思いがこみ上げてきました。

終わってから飲んだオレンジジュースも、格別に美味しく感じられました。バスキングの醍醐味を味わい、「モロッコ、めっちゃ最高やん！」と大感動！　よし、明日も頑張るぞ！　と、テンションがブチ上がったのも束の間、ふと持ち物を見るとデジカメとｉＰｈｏｎｅがなくなっていました……。

ｉＰｈｏｎｅは、旅の必需品。その国の情報を得たりするのももちろんですが、僕にとっては移動中の音楽がないというのが致命傷なんです……。ということで、早速ｉＰｈｏｎｅを買うことにしたのですが、モロッコにはアップルストアなどありません。街の携帯ショップモドキに駆け込み、２万円弱もしましたが無事にゲット！　……しかし、どうもおかしい。Ｃｙｄｉａ（通称、脱獄アプリ）が標準で入っており、それがどう操作しても消せないんです。

「脱獄」とはアップルからの許可を受けていないアプリをインストールできるように改造してあるｉＰｈｏｎｅ。改造してあるためアップルのサポートは受けられないどころか、これでは自分のｉＴｕｎｅｓに入ってる音楽が同期できない。携帯ショップに戻るや否や、「これ、脱獄やんか！」と目ん玉をひんむいて押し問答を繰り広げました。追加で８０００円ほど取られはしましたが、正規のものを購入できました。が、このやりとりに何時間もとられてドッと疲れが出ました。

サハラ砂漠を巡るツアーに参加したのですが、道中のバスの中で運転手に「お前ギターを２本も持ってるなら何か弾け！」と言われました。ドキドキしましたが、こういう時はその場の流れに乗った方がツアーのみんなと仲良くなれる確率が高い。めちゃくちゃ緊張しつつ、みんなが知ってそうな「ボラーレ」と「ラ・バンバ」を披露したのです。すると車内は大合唱！　みんなが知ってる曲ってこういう時、ほんと役に立つんですよね。オーストラリアのエアーズロックの時と同じく、音楽の偉大さを痛感しました。

バスの雰囲気が明らかに歌う前と変わり
いい雰囲気になった
雰囲気が変わって
みんなそれぞれ孤立していたのが
距離が近くなり、会話が溢れ出した
その景色が何よりも嬉しく
達成感が溢れた

無事にサハラ砂漠に到着。月に照らされた砂漠は、美しい一言でした。

ツアー客のみんなで食べたタジン鍋も美味しかった。イスラム圏なので、なかなか飲めなかったビールもこの日は解禁。先住民族ベルベル人の演奏も盛り上がる中、いきなりツアー客から「トニ〜!」コールが! ベルベル人の方々とセッションが始まり、勢いに乗じて、「トニーワンマンショー」もお披露目してしまいました。まぁ、ベルベル人の方々は、若干ひいてましたが。

月に照らされた砂漠……
星のきらめき……
大きな流れ星……

宴も終わり、ものすごい開放的な気分を感じていました。「宿で寝るのなんて、もったいない!」。そう思っていると、同じツアー客が「外で寝ようぜ!」と誘ってくれたんです。野外に簡易ベッドを持っていって、星空を見上げながら寝っ転がると、ここまでたどり着くことができた嬉しさがこみ上げてきました。その感情をそっと胸にしまい、あたたかな月と優しく輝く星に包まれながら、幸せな眠りについたのでした。

余談かもしれませんが、サハラ砂漠のツアーに参加しようと考えている皆さんに、ひとつだけ忠告しておきます。「ラクダに乗る体験」があった場合、後ろの列に並んでいるラクダには乗らない方が無難です。というのも、僕は最後尾に並んでいるラクダに乗ったのですが、ほかのラクダと比べて、どうも様子がおかしい。ヨダレもダラダラ垂れ流しているし、何より落ち着きがない。すぐに、並んでいる列からはみ出そうとするし……。おそらくですが、気性が荒く、ベルベル人の言うことを聞かないやんちゃなラクダは後方に並ばされるようです。

結局、砂漠で「落馬」ならぬ「落ラクダ」を体験することになりました。

色々ありましたが、「シュクラン、モロッコ！（ありがとうモロッコ！）」と、エジプトに向かったのです。

俺、エジプト行くし!!

モロッコでのバスキングで集まったチップは合計260円、しかもデジカメとｉＰｈｏｎｅは盗まれ……。

旅に出る前はマイナスなことを引きずるタイプだった僕ですが、様々な経験を経て、かなり性格が変わりました。どれだけ考えても、過去に戻ることはできないし、変えることもできない。それに貴重な時間がもったいない。そう考えるようになったんです。

世界を回っていたら、自ずと強くなるしかなかったのだと思います。

カイロでのバスキング

さて、エジプトのカイロに到着しました。事前調査だと、エジプトって「世界三大ウザい大国」に含まれてたのですが（エジプトの人、すいません）、実際に訪れてみるとそうでもなかったんです。しかし、観光地のメッカであるピラミッドがあるギザの街に行くと一転、本当に客引きがハンパなくウザかったんです。「アナタ、ニッポンジン？　馬に乗らない？　ラクダもあるよ、ラクダ」と声をかけられ、「こっちはサハラでラクダから落ちとんねん！」と返す僕。しかも、雄大なピラミッドを眺め「ついに、ここまで来たか……」と、感傷に浸ってる時に来るので、余計にイライラしてしまいました。

ピラミッド……
ほんとに来たんだな……
小さい頃から知っていたピラミッド
まさかこれを見る日が来るなんて
これは夢なのか？　現実なのか？
よくわからない気分になった

でも、すぐ我に返り
夢でも現実でも、もうどっちでも良くなった
今という瞬間を少しでも楽しめたら
それで今は充分だし
それが、今僕のすべてだと思うから

カイロでバスキングをしようと思いましたが、バスカーの姿など皆無。路上で楽器を演奏すること自体が珍しいのか、露店の人から鬱陶しそうな目で見られたり、罵声を浴びせられたりしました。けど、実際にバスキングを始めると、モロッコ以上の人だかりが！

歩道をぐるっと何重にも人が囲むのはもちろん、僕の後方の車道にも人だかりができる始末。僕の目の前50センチのところに人が！　もう、チップの箱もどこにあるかわからないほど、グチャグチャに。遂には頭を叩かれたり、アヒルマスクを剥ぎ取ろうとされたり……。僕の方も燃えてきて、もう、戦いでした！　一気にまくしたて、盛り上げに盛り上げました。

終わってチップを見てみたら……なんと45円。こんなことを言ったら身もふたもないのですが、発展途上国はバスキングに向いてないということがよぉ～くわかりました。

だから、この後アフリカ大陸を南下したら、いよいよお客さんはキリンとかシマウマになるんちゃうやろ

エジプトよ、さらば！

夢でも現実でも
どっちでも良くなった

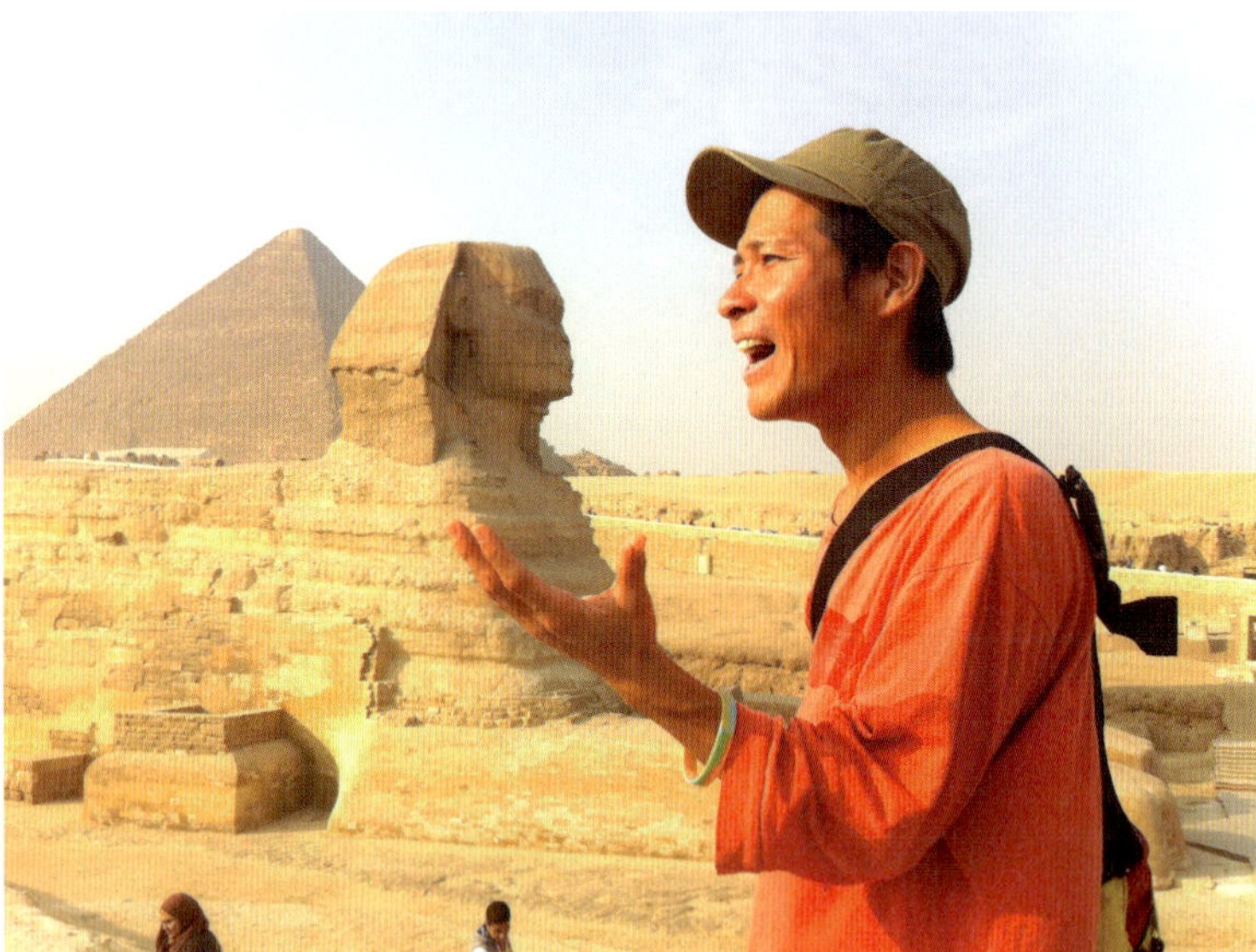

I no longer care if this is a dream or a reality.

か？　と不安になりました。「バスキングだけで食べられないのでは？　それより、逆にチーターに食べられてしまうんじゃ……」「よし！　もう、行きたい国にもある程度行けたし、とにかく今はバスキングをしたいから、先進国に行こう！」。そう決意し、アルゼンチンへ向かいました。

俺、アルゼンチン行くし‼

アルゼンチンは片道入国が厳しい国。出国用のチケットを持っていないと、不法に居座るのではないかと、入国審査官が目を光らせています。

入国はすんなりパスできて、「良かった！」と安心したのも束の間、持ち物検査で引っかかってしまいました。入国審査官はギターを指さして「あーだ、こーだ」と言っています。どうも、スペインで買ったギターに税金がかかるということらしいです。ちなみにこのギターの値段は３万円。だから当然、「なんで、３万も払わないとあかんねん！」とごねました。すると、僕の持っていた道具箱を開け出し「このアンプは何や？」と尋ねられたんです。「うぁっ、これほんまにまずい展開になってきてる」と、不安感がマックスに達したその時、入国審査官が「ちょっとギター弾いてみろ」と。仕方なく、弦を緩めてチューニングも合わせていない状態で、ポロ～ンとつまびくと、なぜか爆笑に。「こいつギター、全然弾けないんや！」って思われたみたいで……馬鹿にされたことに腹が立ち、心の中で「弾けるっちゅうねん！」と思ったのですが、「ちょっと待てよ？　ギターが弾けるってわかったら、稼ぎに来てると思われるよな？」と咄嗟に判断し、そのまま難しそうな顔をしてポロ～ンと弾き続けました。呆れた入国審査官は続いてバックパックを開けました。すると、運が良かったのか悪かったのかわかりませんが、バックパックの中でシャンプーが爆発して、とんでもないことに！　入国審査官は「うわぁ、最悪……もう、行け！」と……こうして、無事にアルゼンチンに入国できたのでした。

アルゼンチンの首都、ブエノスアイレスは、治安がすごく悪いんです。毎日のように日本人宿の誰かが被害に遭っていましたし。しかも僕の中で決定的だった出来事は、オンセという地元民しかいない所へ行った時。僕の目の前で、女性が電話中の携帯をひったくられたのです。あまりの突然の出来事に茫然……。彼女は泣きじゃくり、友達が慰めていました。僕の隣にいたおばさんが、ジェスチャーで「携帯？」って聞いてきて、「そうです」と頷いたら、何食わぬ顔で歩き出したんです。周りを確かめると、僕だけが立ち止まっていて、みんな何事もなかったように歩いていて……。この反応に恐ろしさを感じました。そう、ここではこれが当たり前の光景で、何も珍しくないんです。

そんなことが日常茶飯事なものだから、日本人宿のオーナーには「夜は危ないからバスキングは19時までにしておきなさい」とアドバイスされていました。僕は相当ビビりながら、人で賑わっているフロリダ通りに向かいました。

アルゼンチンの路上に出た当初、大変だったことがあります。アルゼンチンは闇両替商で両替すると、他の国では考えられないぐらいレートが良くて、例えば1000円両替すると正規と闇では、300円弱の差が出てくるほど。この闇両替商たちはフロリダ通りにたくさんいました。ただ、バスキングしていると彼らから「あっちへ行け」と言われ、また場所を変えると、「ここはダメだ」と言われ、全くバスキングができなかったんです。でも、こちらも生活がかかっているので引き下がるわけにはいかない。追い込まれた僕は、彼らの声を無視してバスキングを続けてみました。で

ブエノスアイレスでのバスキング

も、やっぱりダメだと言い続けられて、場所を変えてバスキングを再開しました。すると、闇両替商のひとりが笑い出して、「面白いやつだ！」と気に入ってくれました。それからは、止められるどころか、逆に財布を落としたら、闇両替商の人が「落ちたぞ」と教えてくれるまでに。危険とされるアルゼンチンでは考えにくい出来事で、バスキング旅ならではの体験だと思いました。

そんな平和も束の間。ある日、僕の斜め前で、ロン毛のアルゼンチンバスカーが爆音で、ギターの演奏を始めたのです。日本人だからって完全になめられてると思い、めちゃくちゃ腹が立った僕は、「なんやねん！　お前‼　こらぁぁぁー‼　××△##¥¥#&$$$¥¥！」と日本語（っていうか、バリバリの関西弁）で反撃。すると彼は演奏をやめて消えていきました。僕が何を言ったかは、理解不能だったと思いますが、顔の表情と声のトーンで理解できたはず。僕らも言語がわからなくても、他国の人が喜んでいるか、怒っているのかはわかるのと同じです。表情と声のトーンって大事なんですよね。

また平和な日常に戻りました。ただ、稼げない日は仕方なく19時以降も「残業」していましたが、幸い、危ない目には遭いませんでした。強いて言うなら、横でシンナーを吸いだす人がいたぐらいですね。

夜中まで起きて昼過ぎまで寝る。そして夕方からバスキング。そんな生活だったから、起きると同じ宿に泊まっている人たちは観光に行って、誰もいませんでした。みんなが「明日どこ行こうか？」と盛り上がっている中、僕は「明日は稼げるんかな……」と正反対の心境でした（笑）。彼らは僕のパフォーマンスを見に行きたいと言ってきたのですが、最初は気恥ずかしくてはぐらかしていました。でも、何度も場所を聞いてくるので、観念して教えたんです。すると、ちゃんとみんな来てくれて、恥ずかしい気持ちが吹っ飛んで、逆に燃えてきたんですよね。「俺はこれで旅して、

宿の仲間とTシャツ作成

これで生きているんだ！」って。
感動したと言ってくれる人もいて、それがとても嬉しくて、自信になりました。その日から、同じ宿に泊まっている人たちが来てくれるようになり、しかも差し入れまでくれたりして。そんな優しさに僕は胸を打たれました。彼らと一緒にTシャツを作ったり、色んなことにチャレンジして、それは今でも全く色褪せない思い出のひとつです。

実は以前から、僕の誕生日である12月24日を、ブラジルで迎えられたら最高やなと考えていました。リオのコパカバーナビーチではクリスマスイベントとしてスティーヴィー・ワンダーの無料ライブがあるし、大みそかには盛大な花火大会がある。そして、旅のメインと言っても過言ではないリオのカーニバルも。

ワクワクを胸に、旅のクライマックスを迎えるぐらいの勢いで、日本の真裏・ブラジルへ出発しました。

俺、ブラジル行くし!!

アルゼンチンのイグアスでビザを取得。そこからバスでリオへ到着したのが21時。少し恐怖を感じながら、予約していたコパカバーナビーチ付近の安宿へ、地球一と言っていいほど運転が荒いバスに揺られて向かいました。「どこで降りたらエエんやろ?」と地図を広げていたら、隣のおばさんが声をかけてくれて、降車駅を教えてくれたり、見知らぬお姉さんが宿まで連れて行ってくれたんです。宿でも、「スーパーに行っても危なくないか?」と聞くと、「ここは本当に素晴らしいところよ! もちろん安全よ!」という想像とは真逆の答えが返ってきました。スーパーのレジの人も優しく、売店のおっちゃんは、ウインクしながら親指を立てて、「イェーイ!」と。「なんだ、この感じは?」と、嬉しくてニヤけてきて、「これから始まるブラジル、マジでヤバいかもしれん!」と期待が高まったのでした。

案の定、ブラジルでのバスキングはもう無茶苦茶。バスキングをやっていると車からチップを放ってくるし、「500円払うから貸してくれ」と僕からギターを奪い取る人まで。ギターを奪った人は、上半身裸になって演奏を始め、挙げ句の果てには、脱いだTシャツを忘れて裸で帰ってしまいました。

バスの運転手もかなりアグレッシブ。僕がバスキングしてる場所はバス停でもないのに、バスを停めて運転席の窓を開けて「イェーイ!」って合図をして出発して行く……。さらに警官まで満面の笑顔で寄ってきて、「ヤバいかな?」と思っていたら、職務を忘れて写真を撮りだす始末。「どうなってるねん! 最高すぎるやろ!」。長年の憧れ、夢、期待をはるかに超えた人々の陽気さ! 一発でブラジルが大好きになりました。

それに、ブラジル人のストレートな性格もグッとくるものがありました。人によりますが、日本人は少し感情をおさえ気味なところがあると思うのですが、ブラジル人は真逆で、感情を表しすぎというか、とにか

コパカバーナのカウントダウン

く包み隠さず、嬉しい時は異常に喜び、腹が立ったらすぐ殴るし、悲しかったらすぐ泣く。そんな気質が、なんか気持ち良いなと憧れました。

そして12月24日はクリスマス・イブに加えて、記念すべき僕の誕生日。まさか、誕生日をブラジルで過ごせる日が来るなんて……。SNSで日本からたくさんのメッセージも届きました。地球の反対側にいるのに、日本の仲間を近くに感じられた瞬間でした。クリスマスにはスティーヴィー・ワンダーとジルベルト・ジルの無料ライブがあり、僕にとって最高のクリスマスプレゼントでした。

そして、年末のコパカバーナでのカウントダウン花火。とにかく人生で最高の瞬間で、いちばんすごい年明けでした。花火が上がり、見上げた空が一面、光に覆われた時、「ここに来るために、旅をしていたんだ！ここに来るために生まれてきたんだ！」と感動し、涙が出ました。それは波照間島で、空一面の星と天の川を見て感動した時と同じような気持ちでした。

憧れだったリオのカーニバル

年が明けた2013年2月、次の楽しみがやってきました。それは、リオのカーニバル！ 前夜祭前からひとりで盛り上がりまくっていました。サンバは僕の心を踊らせ、「君も僕もここにどたり着いたね。色々あっただろう。さぁ、共に踊ろう！」と言われてる気がしました。

もう街がえらいことになっていた
こういう所に、来たかってん
こんな所を、探してたてん
僕の今までの人生の中で
見たことのない光景
夜な夜な祭りが続いて、寝て起きても
朝からまた祭りが始まって……
とにかく、凄まじかった
ほんまに来れるなんて
嘘みたいな話だ
ここに来ることができて、ここにいることができて
感謝でいっぱいになり

感動が心の中で爆発した
ほんまに夢みたいな時間で……
そう、夢の真っただ中にいた

こうして、リオで自分の中の大きな夢が叶いました。世界一周をするということがいちばんの目的だけど、リオでの達成感がデカすぎて、ここ以上に行ってみたい場所も他になくなってしまったんです。「もう、ここからは日本へ向かって帰るだけになるんか?」と、終わりが見えてきた寂しさがこみ上げてきて、完全に戦意喪失。空っぽの状態になりました。

イパネマビーチで海を眺めていたら、ふと、ここへたどり着くまでの道のりを思い出しました。

喜び、悲しみ、出会い、別れ……
色んなことがあったよな……
でも、「人生」という旅で見れば
それらは一部の通過点みたいなもの

夢が叶った瞬間は素晴らしかったけど
もうすでに過去のこととなり
何年後かには
「人生」という旅のほんの一部になる

大きな目標はなくなりましたが、とにかく今、自分が立っているリオがすべて。ここで目一杯楽しみ、できることを精一杯やってから、日本を目指そうと思いました。

最終日、イパネマビーチで見た夕日は素晴らしく、とても綺麗で、心に空いた穴を埋めてくれる感じでした。

日本に無事に帰ったら、温泉に入って、寿司を食って、うどんを食って、タコ焼きを食って……何よりも実家で母のご飯が食べたい。

そう、次の夢は日本へ帰ること!

リオのカーニバル会場

俺、アメリカ行くし!!

もう、このまま、ブラジルから日本に向かってもいいかな。正直、そんな思いもありました。ただ、なんか気持ち的に締まらなかったし、「五大陸制覇」という言葉の響きにも憧れがあり、世界の大都市ニューヨークでバスキングしてみたいという思いも抱いていました。

そんな時、サンパウロで、ちょっとした出来事があったんです。カレーを食べていると、下の銀歯が抜け落ちてしまったんです。その時、一緒の宿だった人が「トニーさん、これ、上に向かえってこと違いますか?」と一言（日本には下の歯が抜けたら、上に投げる風習って昔からありますよね）。なんか、アメリカ行きを決定づけられたような運命的な出来事と感じました。

さらに、1日だけサンパウロ～マイアミ間の航空チケットが安かった日があり、マイアミを調べたら、「南国で好きな感じやん！　これは行くしかない！」と思い、飛行機に飛び乗ったのです。

マイアミに着いて、すぐに街をうろつきました。ハワイほどのリゾート都市ではないけど好きな感じ。バスキングは、人通りがあるリンカーン・ロードですることに決めました。

ある日、同じ宿の日本人の男の子2人組が、「これからレンタカーを借りてキーウェストに行くんですけど、トニーさんも一緒に行きません？」と話しかけてきました。キーウェストはアメリカ最南にあるバカンス地帯で、キューバにもほど近い場所。もちろん観光地だから宿は高い！　それがネックだったのですが、車内に泊まってもいいということで、日本の屋台以来の車中泊をすることに。

キーウェストは、マイアミの街よりもさらに南国感があり、バスキングにも熱が入りました。まずは、サンセットと大道芸で有名なマロリースクエアでバスキングを開始。すると、演奏が終わるまで待っていてくれた人がいて、「今日ほんまに辛いことがあったけど、パワーをもらえて少し元気になれた」と今にも泣きそうな顔で言ってきてくれたんです。

普段は生活がかかっていて、お金のことしか考えずバスキングしていますが、こういった言葉をもらえた瞬間は別。お金を得ること以上に嬉しい気分になりました。

だけど、この後、警察から撤退命令が。すると、地元のバスカーが「たくさんの人が笑顔になってるじゃないか？　なぜダメなんだ？　こいつも立派なバスカーだぜ？」と交渉してくれました。でも、ダメなものはダメだと却下。そのバスカーが「力不足でごめんな、このことでキーウェストを悪く思わないでくれ」

ニューヨーク到着

と言ったのです。もう、感動で言葉が出ませんでした。

キーウェストでは良い思い出がたくさんできました。屋台生活以来の車中泊は、思っていたより寒くて夜中に三度も目が覚めたり、ビーチで頭を洗ったり、歯磨きや手洗いはペットボトルの水を使ったりと大変でした。けど、ここ1年は宿に泊まるのが当たり前になってたので、あの頃を思い出して、リオで緩んだ気持ちを仕切り直せました。

その後、マイアミに戻り、ニューヨークを目指すのですが、以前、ボリビアで出会って仲良くなったニューヨーク在住の日本人が、「家に泊めてあげるから、是非、ウチにおいで」と誘ってくれていました。無茶苦茶寒そうでしたが、その言葉を頼りに向かうことに。

ニューヨークのラガーディア空港に着いて、改札の通り方がわからず、駅員にも嫌な顔をされて、後ろで待っていた人は「早く、行けよ！」って感じで、いきなり大都会の洗礼を受けました。でも、ボリビア以来、2年ぶりの友達との再会は、心が温まりました。

ニューヨークの寒さは強烈でした。でも、バスカーの聖地であり、憧れだったタイムズスクエアに着き、地下鉄の駅の標識「TIMES SQUARE」を見た時、嬉しさがグッとこみ上げてきました。

勇気をくれたバスカーの NAKED COWBOY

そして地上に出てびっくり！　最初に目にしたのが、極寒の中、パンツ一丁でギターを弾いてるパフォーマー！「ニューヨーク、やっぱりすげぇ～」とパワーをもらい、僕もバスキングに出ることができました。ただ、カチンコチンに凍りそうでしたけど……。

モヒカンの若い子10人ぐらいが向かって来た時は、「絶対絡まれるな……もう終わったな……」と思いました。が、逆にノリが良くて、一緒に写真まで撮り、彼らは始終、めっちゃ笑顔だったのでホッとしました。ほんの少しの時間でしたが、世界の大都市ニューヨークで自分を試すことができ、人間の根っこはどこの国も一緒だと再確認し、本当に貴重な経験ができました。

ニューヨークの後はロサンゼルスのハリウッドへ。泊まったホステルは印象深かったです。週に何回かビールを無料で出してくれる日があり、みんなお酒が入るとノリも良くなる。夜遅くなっても普通に騒いでいて、「これ、大丈夫なん？」と長く泊まってる宿泊客に聞くと、一度、ある宿泊客の堪忍袋の緒が切れて、オーナーに苦情を言ったことがあるそうなんです。すると、「ここはハリウッドなんだぜ!?」というオーナーの一言で終わったそうで（笑）。ほんま、日本じゃ考えられへん。

この頃には、旅の締めくくりについて考えていました。ロサンゼルスから日本へ帰ろうかと思いましたが、それだと旅の終わりとしては締まりを感じず、まだ何かやり残した感がありました。そこで、「世界一周の最後は、大好きなハワイで締めたい！」という気持ちが爆発したのです。お金も底をついてきていたのですが、もうそんなことよりも、「人生すべてをかけた旅の締め方」の方が断然大事で、ハワイを目指すことにしました。

それに、ハワイには1年半ほど前に母親と来て、少しですがバスキングもしました。その時の自分と、世界一周の旅をしてきた自分にどれぐらいの違いがあり、ハワイでどれぐらい通用するのか？　それを実感したかったんです。

俺、最後にハワイ行くし!!

ハワイでは、この旅でやってみたかったことのひとつである「ホテルからバスキングへ行く」を実践。安宿からバスキングへ行くのは、僕の中で「いかにも」というイメージがあり、ホテルからバスキングへ行くような人になってみたかった。それと、この世界一周旅でずっとしていた自炊を止め、外食したり、弁当を買ったりと、今までのできなかったことをすべてハワイで果たそう。そんな熱い気持ちで、この旅の終わりに向かったんです。

バスキングの初日、カラカウア通りで準備をしている時、今までの色んな思いが湧き出てきて、めちゃくちゃ感慨深かったです。

とにかく、泣いても笑っても、最後!「もう、やりきるしかない!」と、湧き出る思いのすべてを爆発させるつもりで、ギターをかき鳴らしました。

念願のホテルライフ

受け身だった自分から
立ち向かっていく自分へ

I gave up my passive attitude for an active one.

これが最後か……
遂に、ここまで来たんか……
音楽を少し聴いて自分をチューニング
とにかく、泣いても笑っても、最後の街
今から開く扉は、チップが入るか
何が起こるか、誰にもわからない
だから、自分自身を信じて、思い切って扉を開けて
いつものように、アヒルマスクを被った……

バスキングが終わると、1年半前、僕が路上から見たハワイとは、比べ物にならないほど素晴らしい世界が広がっていました。目の前がみんなの笑顔で溢れ、チップも思っていた以上に入っていました。成長した自分を実感でき、嬉しすぎて自然とガッツポーズが出ちゃいましたね。

ホテル住まいからのバスキングは、金銭的危機感は、もちろんありましたが、部屋から見える夜景を見渡していると、幸せを感じずにいられませんでした。世に言う（?）良い生活なんて3年半以上してなかった。別に貧しい生活をしていたから偉いわけではなく、この世界を自分自身の色で塗れていることに幸せを感じました。そして、明日も絶対に頑張らなきゃと思えたんです。

しかし何日かして、僕の斜め前でよくパフォーマンスしていたスタチューのバスカーの彼女らしき人からの嫌がらせに遭いました。毎日、結構な人数が僕のところに集まっていたから、それを妬んでの嫌がらせでした。

とにかく「邪魔」「どいて」を連発してくる彼女。僕も演奏を止めたら負けだと、ギターで応戦。すると、僕の真ん前50センチぐらいの至近距離で、直立不動の体勢をとりました。集まっていたオーディエンスも、この不穏な雰囲気に「いったいこの先どうなるのか?」と興味津々。横でビラを配っていたおばちゃんが「どいてあげなさい」と言ってくれましたが、彼女は聞く耳も持たず立ち続けました。僕は、「たとえギターが

成長を感じることができたハワイでのバスキング

壊れようが、アンプが壊れようが、ぶっ倒れるまでやってやる！」という心境で、全力を出してパフォーマンスを続けました。15分ぐらいして、彼女は目の前でタバコを吸いだしました。それを目の前に捨てられ、これはチャンスだと思い、僕がお客さんの方に向かって捨てたタバコを指差し、「この国では、これＯＫなん？」とジェスチャーしたら、ブーイングが。それでも彼女は退きませんでした。引くに引けなかったんでしょうが、こっちも絶対やめない気で演奏し続けました。

そこから、10分ほどその状況が続いたでしょうか。根負けした彼女が、その場を立ち去ったのです。「うぉぉぉ〜やった〜‼」と気持ちが爆発して、演奏を止めて両手を天高く挙げていました。するとその瞬間、集まっていたたくさんのお客さんから、この「世界一周バスキング旅」いちばんの拍手をもらえたんです。そして僕は座っていた椅子から立ち上がり、そこにいた皆さんに礼をしてガッツポーズをしました。

この嬉しさはハンパなかったですね。礼をしたのも初めてだった。見守ってくれていた日本人も、「日本人として絶対に演奏をやめないでと願っていた。本当によく頑張ってくれた、感動した！」と言ってくれました。

しばらくして、楽器を片付けていたら、再び嫌がらせをした彼女が来たんです。けど、先ほどとは態度が違って、穏やかになっていて、僕に「生活がかかってるのよ」と言ってきました。即答で「僕もだけど？」と返し、そこからはこちらが思ってたことをすべてぶちまけました。彼女たちが先に来ていた時は、違う場所を探したこと。演奏が終わってからならまだしも、お客さんも楽しんでくれてる演奏の最中に邪魔しに来たこと。「ふざけんな～!!」って。すると、彼女は「Ｓｏｒｒｙ」と握手を求めてきたので、僕も握手で返しました。ビラ配りのおばちゃんが、僕に向かって「良かったね」とウインクしてきたことも忘れられません！

この旅での自分の大きな変化に気づけました。１年ちょっと前、路上に出ることすら怖かった自分。路上に出ても何か言われると引き下がっていて、すべてに対して受け身でした。でも、ハワイのこの出来事で、立ち向かって行く自分がいたことに気づけたんです。

世界を回ったことにより、言いたいことを言えるようになった自分に嬉しさが溢れ、変わることができたと心から実感しました。そして、「これだ!! 今だ!!」と、この日、僕は日本行きのチケットを取りました。

改めて、バスキングに教えられたことがあった
世界のどこにいようが、何をしてようが
戦う相手は他の誰でもなくいつも自分なのだと

日本に向けて飛び立つ前日、この旅、最後のバスキングに出ました。

僕にできることと言えば
あの頃と何も変わらず
ただアヒルのマスクを被って、自分のやり方で

目の前のあなたが、少しでも笑ってくれたら
僕はどんな観光地を訪れた時より幸せを感じる

バスキングを終えた夜、旅で出会った友達とバーでトロピカルカクテルを飲みながら、月に照らされたワイキキビーチを眺め、幸福な時間を過ごしていました。最早、日本へ帰ることになんの迷いもなく、早く帰りたいとまで思える達成感でいっぱいでした。

桜咲く満月の夜に、僕は日本に帰ることを決意しました。奄美大島から沖縄、車に住みながらの屋台の旅も含め3年8ヶ月の旅でした。

すべての出会いへの感謝がこの時、僕の心には溢れていました。この旅は、これまで僕が生きてきた中で、中途半端なチャレンジではなく、人生すべてをかけてのチャレンジでした。マンションを解約して、車の中に2年住んで、白い目で見られたりしたこともありました。海外でのバスキングも、テクニックが全くないので馬鹿にされたこともありました。未だに技術面は恐ろしいぐらいありません。でも、どれだけ辛いことがあっても、僕は夢というものをずっとずっとずっと信じてやってきました。

旅に出た時、僕は35歳でした。ひとりで新しいことをするとか、友達の輪から出ることは、すごく勇気がいりました。でも、今は思います。怖いのは最初だけで、いつも理由をつけて逃げてるだけだったと……。今は、何ひとつ自分のやってきたことに後悔なんてありません。もう自分にだけは、嘘をつきたくありません。

国や世の中、自分の周りと、どれだけズレていようが、まずは、自分に素直でいたいと思いました。そして、世界を回って思ったことは、どこの国の人であろうが根っこの部分では同じだと。優しい人もいれば、冷たい人もいれば、温かい人もいれば、嫌な人もいる。僕たちが見る普段の景色は、世界中どこに行っても同じだと思いました。

それより、いちばん大事なのは自分が今立っているここや、そこや、あそこで、どう物事を見て、自分の心は何をしたがっているのか。今、自分が置かれている状況に、少しでも満足できるように生きていけたらと思ったのです。

そりゃ、生きていれば文句のひとつも出るものです。でも、文句からはさらに文句が生まれる気がします。だから、僕は文句はあんまり好きではありません。噂話より、今いるそこで行動して、チャレンジして何かに向かってる人が素敵に見えたからです。だから、僕もそうなりたいって思いました。それは、ひとりで何かをやることだけじゃなくて、家族を絶対に幸せにするとか、色んな形があると思います。どこにいようが、今、自分が置かれてる状況に少しでも満足できるよう、1分1秒でも良い時間を過ごせるように生きていきたいです。

自分の中では5000パーセントやりきったので、胸を張って日本に帰ろう……。家族、友達、出会った人、応援してくれた人、そうでない人、すべてに「ありがとう」でいっぱいでした。

とにかく一言、こう言いたかったんです。
「生まれてきて初めて、夢が叶った‼」

2013年3月28日
ハワイのホノルル空港の
掲示板に映し出された「TO JAPAN」
この旅で見た
どの国よりも嬉しい行き先だった

世界一周で出会った人々

トニーの俺食うし!!

ブラジル

ブラジルで食べた寿司

サンパウロ滞在中、神奈川県人会の新年会で食べた１年ぶりの寿司。味はおそらく日本の回転寿司ぐらいだったのかもしれないけど、食べた瞬間、全身が溶けるぐらいうますぎて死ぬかと思った。１年ぶりの寿司は、ほんまにヤバいし!!

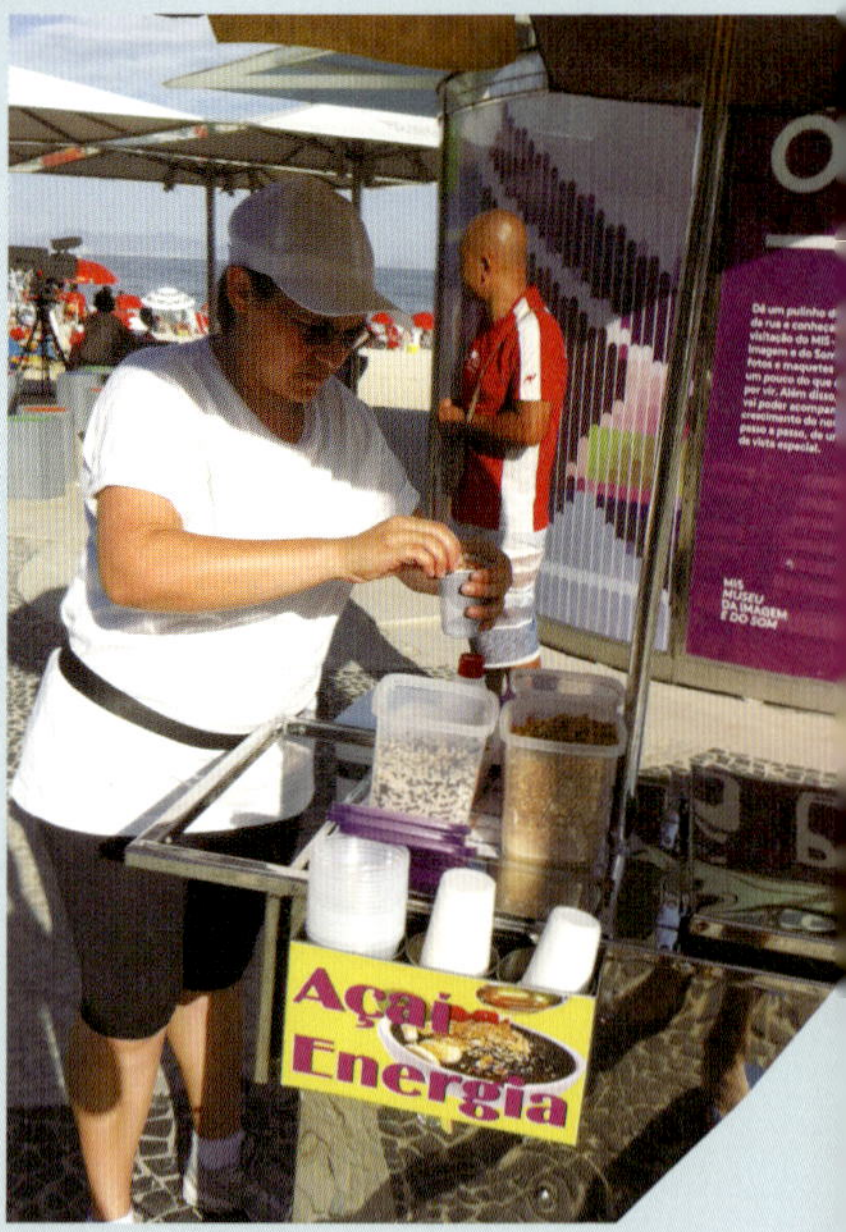

アサイー

大好物！　フルーツになるんかな。リオでは屋台でも見かけて、1日3回ぐらい食べてた。200円ぐらいで安かったし。サンパウロでは、あまり見かけなくて、冷凍のでっかいサイズを買って食べてた。ハワイでも食べたけど、値段は高かった。

ブラジル

エジプト

コシャリ

カイロでもギザでも、屋台で気軽に買えるから旅で出会った友達とよく食べた。味は濃い目で、上に乗ってる揚げ物と米を一緒に食べるバランス感が良かった。

アイスのケーキ？

リプレの家に泊まった時、遊びに来ていた彼の友達がサプライズで作ってくれたスイーツ。電気を消して、ワインがかけられていたんだと思うけど、火をつけて持ってきてくれたのが印象的だった。

スイス

スペイン

パエリア

スペインの米料理と言えばこれですよね？　僕の中では海鮮系のスーパースター的存在。バルセロナで再会した友達と宿のメンバーで食べに行った、イカスミのパエリアはうますぎて忘れられない味。アンダルシア地方のセビージャで行われていた料理や雑貨のフェスで、でっかい鍋を使って作っていたパエリアは印象的だった。

インドネシア

ミーゴレン

大好きなバリで食べた焼きそば。味は濃い目かな。あらゆる所で食べられるけど、やっぱり街から少し離れたとこにある、地元の人が行くような店は特にうまかった。

ナシゴレン

バリで食べた焼き飯。味付けはミーゴレンとほぼ同じで、麺が米に変わった感じ。自分で作れるようになりたいと、店の人に作り方を聞いたけど、理解できなかった。

シンガポール

インドカレー

シンガポールでなんでインドカレーやねんと思うだろうけど、泊まっていた宿がインド人街で、ほぼ毎日食べてた。よく行っていた店は、ベジタリアンの店で本格的。客がインド人ばかりだったこともあり、本場の味で最高だった。値段も当時で130円ぐらい。物価が高いイメージの国だけど、安い店は探せばある！

ミントティ

モロッコの定番の飲み物。ミントがそのまま入った紅茶。これに砂糖を入れて、毎日飲んでた。

モロッコ

タジン鍋

肉をあまり食べないし、宿にキッチンもないので、モロッコでは1日3回タジン鍋という食生活をキープ。うまいと思っていたけど、何日か後には見るのも嫌に……。それでも、「俺食うし!!」(笑)。

イタリア

ジェラート

日本でもポピュラーだし、味はわかりますよね？　もちろん、僕も大好物。トルコからヨーロッパに入ってから物価が上がり、イタリアのローマまで全然稼げていなかったので、ジェラートをなかなか食べられなかった。食べれたのは2、3回ぐらいかな。イタリアの街を見渡しながら食べるジェラートは最高だったなぁ。

フィレンツェで食べたパスタ

ピサの斜塔を見に行って、お金をなくすというハプニングが。そんな最中、バスキング中に出会った人の家に招待され、パスタとワインをただいた。イタリアの店でパスタを食べられなかったけど、この食事はプライスレスな味と経験だった。

ボリビア

地元の食堂

2011年、南米を旅した時にお金を盗られて、安く食べられる店を探していた。同じ宿に長期滞在していた人に、地元の人が行く食堂へ連れて行ってもらった。1食60円ぐらいで食べれたと思う。もう食べたいとは思わないかな。

サルテーニャ

ラパスにいる時、朝になると屋台が出て、よく同じ宿の日本人の友達と食べに行った。揚げ餃子みたいな感じかな。中の具は鶏か卵かを選べて、トッピングで人参や玉ねぎを加えて食べる。

応援しあえるかけがえのない仲間

バスカー仲間から見たトニー

name　バケツドラマーMASA

category　バケツドラム＆ディジュリドゥパフォーマンス

トニーさんとの出会いは2012年、オーストラリアのメルボルンという街。自分もバケツドラムでバスキングを始めたばかりの頃でした。その頃まだバスキングスポットも大して把握していなくて、少し外れの教会の前でやっていました。ある時バスキングしに街へ出ると、いつもの教会の前に変な帽子（おそらくタイの民族の帽子）を被って、ギターをかき鳴らしてる日本人がいました。それがトニーさん（笑）。見ながら終わるのを待ってるとトニーさんと目が合い、どっちからでもなく話し始めました。最初の印象は変な帽子の陽気なおっちゃん（笑）。まぁ、向こうもこっちのことを、バケツ叩くクソガキくらいに思ってたでしょう（笑）。同じ安宿に泊まって、お互いメルボルンでバスキングデビューして、変わったパフォーマンスして、シンパシーハンパなかったなぁ。それから数年経って、たまたま新宿の路上で再会を果たした笑撃といったら。アヒルパフォーマンスがすごい勢いで進化してるし（笑）。メルボルンの酸いも甘いも一緒に噛み分けた、トニーさんの変貌っぷりには笑いと喜びしかありません。こんな最高の仲間なかなか出会えませんよ。路上からスタートして、メディアに露出して、本まで出すなんて、いつも良い刺激をくれるハッピー野郎です。どちらか片方だけじゃなく、仲間としてガンガン応援しあえる、かけがえのない存在。自分の中でそういう位置までできてしまった不思議な人です。最高。

たくさんの人を笑顔にしていこう

name 篠崎 亮

category ジャグリング

バスカー仲間から見たトニー

多分、２０１２年の6月か7月ぐらいにイスタンブールで出会ったね。トニーがアンプを、「ザビタ」だっけ？　そんな感じの警備隊みたいな人たちに没収されて、俺がちょっと前に同じく道具を没収されてて、回収しに行く場所を知ってたから一緒について行った。トニーはあの時、まだアヒル被るのに少し抵抗があったりした時期だったと思う。

今でも嬉しいのはお互い「続けてる」ってことかな。最近、俺は色んな「役」になりきってパフォーマンスすることも多くて、なかには恥ずかしいような「役」もあるんだけど、ある意味「自分を捨てる」って、意外と面白くてはまってます。だから5～6年前からそれをやっていた、そうなろうとしてたトニーは本当、リスペクトです。

うちらはステージの上やストリートでは、〝人を癒す人〟ヒーラーだと思っているので、どんなことをしても人を笑わせたり、感動させたり、ビックリさせたり、とにかく非日常を一瞬でも感じさせられたら、〝地球にとってなくてはならない存在〟になれるので、これからもたくさんの人を笑顔にしていこう!!

出会えて本当に良かった。感謝です!!!

トニーちゃんの芸には熱い情熱が感じられる

name　大道芸人ゆうじ

category　ストリートコメディ

バスカー仲間から見たトニー

まず、このような機会を与えてくれたトニーさん（以下、トニーちゃん）に感謝致します。

オレがトニーちゃんと出会ったのは新宿の路上。「面白いアヒルがいるなぁ」って思って声をかけた。オレも路上パフォーマンス歴が長いから、このアヒルはすごいってすぐわかった。

それからトニーちゃんとは色々な芸の話をしたけど、多分、根底にあるのは「人生一度きり」ってこと。だから、自分が面白いって思ったことはどんどんトライしていく。「好きなコトで食っていく」。そのひとつの答えを、彼は体現させていた。

もちろんそれは決して「楽なコト」ではない。トニーちゃんが芸をやっていても観客が集まらない時もある。30分くらい誰も止まらない。笑われる時も。寒い中、楽器を弾いて指がボロボロになってる時もある。観客が止まっても芸に興味がない人ばかりだったり、投げ銭が少ない時もある。実はストリートって心が削られる瞬間がたくさんある。でも、本当に「好きなコト」なら、それでもやりたいって思えるハズ。なぜなら「人生一度きり」だから。そういう熱い情熱が、芸人から見てもトニーちゃんの芸には感じられる。多分、本人は「何にも考えてへんよー」って言うだろうけど（笑）。

純粋な心の持ち主でいつも素直に話せます

バスカー仲間から見たトニー

name　エキセントリック吉田

category　テーブルクロス引き

２０１５年か２０１６年初頭くらいに新宿西口でパフォーマンスしているのを発見し、一目でファンに。当時手売りしていた手作りのパンフレットも即買いして、付録のＤＶＤを観てさらに面白い人だなぁ～と好きになりました。特にエジプトの映像は熱気が伝わってきて、迫力ありましたね～。熱すぎ、怖すぎ（笑）。

ほかの大道芸人にはライバル心や嫉妬心で素直になれない時もあるけど、トニーさんとは素直に話せます。それは、トニーさんが本当に純粋な心の持ち主だからだと思います。会うといつも心が洗われます。

一度、家に泊まってもらった時に、色々詳しく今までのヒストリーを聞かせてもらったのが楽しかったですね。ピックをなくすから爪弾きにしてるとか。意外というか、ミュージシャンとしては真っ当なんだろうけど、機材の話をしている時や、「機材褒められるの嬉しい」って喜んでいる、楽しそうな顔を見て好きになりましたね。

欲しい機材をいきなりイギリスから輸入したりするのを普通にやっちゃうトニーさんカッケェー！っす！　流石です！

まだまだこれからも、さらなる冒険譚を期待してます！

世界のバスカー

長い歴史を持つバスキング。しかし、今、世界中で新しいバスキングの波が起こっている。トニーが選んだ、必見の海外バスカーたちの妙技を紹介する。

トニーのバスキングスタイル

ヘタクソながらも、ギターは昔からずっと好きな楽器でした。だから屋台時代も、世界一周の旅も、客寄せや旅資金を稼ぐ意味もあったけど、出会った人たちとのコミュニケーションの手段として、ギターにはずいぶん助けられました。

そんな僕に、バスカーとして生きていく意識が芽生えたのは日本に帰ってきてから。友人の結婚式でパフォーマンスを披露している時、世界の旅のことがバッと頭に浮かんで。やっぱりアヒルを被って人を笑わせたり、驚かせたりすることが好きなんだと再認識したんです。そこからは、マジックとかラジコンとか、自分が「おもろい」と思ったことを取り入れていって、今のスタイルになりました。もっとギターを練習せぇよって話ですけど……。けど、ミュージシャンでも大道芸人でもない、ちょうど中間のような僕みたいなヤツ、世界にもいなかったですね。これこそ僕のスタイルやと思う！

まぁ、誰も真似したくないだけかもですけど（笑）。

アイルランド

３メートルぐらいの高さから火を回すパフォーマンスが圧巻。バスカーのレベルが高いアイルランドの中でも、この人のパフォーマンスは圧倒的で、すごい人だかりができていた。

スペイン

バルセロナで見たバンド。楽しげな音楽を演奏するだけでなく、音に合わせて全員でダンスをしていたのが、とても面白かった。

アイルランド

ひとりで行なうスタチューのパフォーマンスは一般的だが、団体でやってる人たちはこの時、初めて見たし、とても迫力があった。

スペイン

初めてこれを見たら、誰もが驚くパフォーマンスだと思う！ずっと、片手で持った棒だけで人間を持ち上げ続けているのを見た時は、「マジで⁉」と驚きを隠せなかった。

アメリカ

日本でもよく見かけるペルーの民族音楽・フォルクローレ。彼らはそれに、ロックをミックスしていて独特のサウンドだった。

オーストラリア

演奏だけのバスカーは数多いが、見ても聴いても楽しい、豊かな表現力を持った、彼のパフォーマンスには度肝を抜かれた。

アメリカ

お客さんたちの上を飛んだりするパフォーマンスを繰り広げていた。でも、パフォーマンス以上に、とにかく盛り上げ方がうまくて感心した。

アメリカ

ローラースケートで走りながら演奏。レッド・ホット・チリ・ペッパーズのMVで観ていたので、実際に目撃することができたのは嬉しかった。

トニーの俺見たし!!

Street Art
ストリートアート

世界各地でトニーが見つけた、描き手の込めたメッセージが伝わってくるストリートアートを紹介

アルゼンチン

アメリカ

イタリア

ブラジル

ブラジル

インドネシア

ゆるキャラ

ゆるキャラ文化は日本だけじゃない！
グッズが欲しくなること確実な、
世界各地で独自のオーラを放つ
キャラクターたち

フランス

ブラジル

トルコ

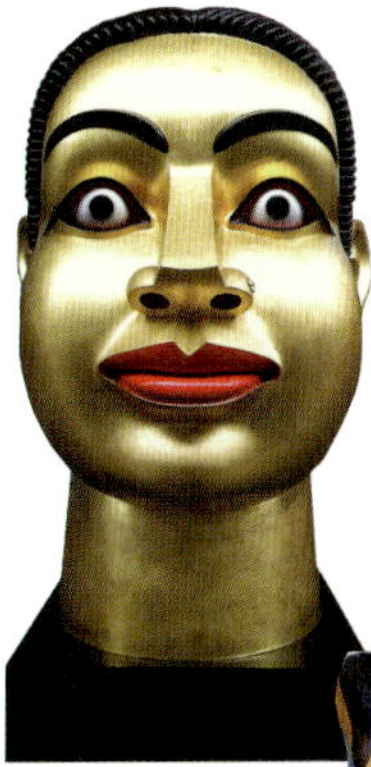

タイ

スイス

スペイン

フランス

Rock Collection

屋台に並べられていたバンドのポスター。
地下鉄のホームにはモーターヘッドとディープパープルの巨大なポスターも。

どこでもマーケット

インドネシア

海で夕日を見ていたら、手にアクセサリーを
勝手に巻かれて、お金を請求された（笑）。
気分が良かったし、安かったので購入。

ペルー

プーノのマーケットでは主にペルーの民族雑貨が売られていました。ビンテージの柄がめっちゃ気に入った布の値段が1枚1000円台。日本では絶対この値段では買えないと思い2枚購入。この布は日本に帰ってきてから屋台で大活躍した。

ブラジル

見ての通りの素晴らしいセンスたちのオンパレード。世界中のパロディを見てきた中で、僕的ナンバーワン!! 「Enjoy Coca cola」が「Enjoy Carioca」(カリオカは、リオ市民という意味)、「FANTA」が「SAMBA」と、見てるだけで楽しかったです。

トニーのパフォーマンスを支える楽器

あっという間に人を惹きつけるトニーのパフォーマンス。
その要となり、企業秘密でもある楽器の一部を紹介する。

ストンプボックス

足のリズムを内蔵マイクが拾い、バスドラの音が鳴る。海外から取り寄せた愛着のある逸品。馬の絵が可愛い。

ギタレレ

マラガでフラメンコ好きのスペイン人に薦められたギタレレ。サイズ感がフィットして使いやすく、ギターと同じく６弦なのも良い。ギタレレ、ストンプボックス、そしてアヒルの音がスターダック トニーの３種の神器。

ラジコン

木魚の合図で、アヒルと名刺を乗せたスターダック２号が発進する。特に子供に人気！

木魚

木魚の音に惹かれ、「欲しい」と言っていたら友達がプレゼントしてくれた！

ベル

タイミングを計って、変顔とセットで綺麗な音を響かせると、オーディエンスにウケます！

シンバル

パフォーマンスを引き締める時はこれ！　シャーンと鳴らして、通りの人の注目を集めます。

タンバリン

「簡単そう」という不純な動機で購入。演奏中に盛り上げる時のための秘密兵器として活躍。

第5章 トニー、帰国する

Tony, comes home

バスカーとして世界を巡り、自信をつけて帰国したトニー。しかし、日本のストリートで、彼のバスキングは通用せず、トークショーも失敗し、大きな挫折を味わうのであった。

俺、日本帰ってきたし!!

関西国際空港に着いて、まず最初にやったこと。それは自動販売機で缶コーヒーを買うことでした。「自動販売機!? 何これ、めっちゃ便利！」。

今まではなんとも思っていなかった日本での「普通」「日常」が、なんてありがたいことなのかと痛感。それに、海外だと、自動販売機はすぐにブッ壊されて、中の金を盗まれることも多々ありますから。日本って平和だなと。

世界一周の旅の間、ずっと食べたかった母の手料理を目指して、実家のある京都へ。母は笑顔で迎えてくれて、無事に帰国した僕を見てとても喜んでくれました。時々、スカイプで近況報告はしていたけど、「ずっと心配していて、無事に帰って来て良かった」と言われると、やはり母との再会は特別なもので、ウルッときました。

旅の土産話をしながらの食事の後は、ゆ～っくり風呂に浸かりました。明日のことを考えずベッドで眠ることができるなんて、屋台での車生活から思えば夢のようでした。

日本に帰って来れた今
僕に起こったすべての出来事
家族、友達、出会った人
応援してくれた人、そうでない人
そして何より
世界に行ってきていいよと言ってくれた母
すべてに感謝以外ない

しばらくは久しぶりの穏やかな時間を過ごしていました。でも、いつまでもゆっくりしているわけにはいかなかったのです。屋台時代、世界一周の旅を応援してくれた人たちに帰国の報告をしたいと思っていたからです。再会したい人はたくさんいる。その手段はもちろん、忍者屋台ONE LITTLE TRAVELERしかありません！　忍者屋台を新しく作り、帰国報告の旅に出ました。再び軽バンでの地獄のような生活……。だけど、再会にはどうしてもこのスタイルで行きたかった！

というわけで、旅に出て4年目となるメモリアル・デイの7月17日、定番のかき氷やコーヒーに加え、新商品として世界一周記念Tシャツを販売しながら再会の旅に出発しました。

俺、また屋台で旅出るし!!

最初は屋台をやっていましたが、次第に物販を広げてバスキング。まぁ、バスキングって言っても、路上でギターを弾く感じで、アヒルマスクも被っていませんでした。屋台の中でなく、路上でやりだしたのは世

再び動き出した忍者屋台

界旅の癖がついてしまってたんでしょうね。

アヒルは世界一周に出る前に、友達が餞別としてくれたものです。結果的に、世界でバスキングする際の必需品となりましたが、アヒルはあくまでも世界一周の旅の道具。日本でバスキングする時まで、アヒルを被るつもりはなかったんです。

その代わり、マジックを取り入れました。世界一周の最後ぐらいから、演奏中にマジックを取り入れたら面白いかも？　と考えていたんです。屋台をやる時でも、絶対に効果的だと思っていました。例えば、かき氷を買ってくれたお客さんに、急にデカいストローをパッと出したら笑ってくれるんとちゃうか？　って。

世界一周の旅に出る前は、「旅の資金を稼ぐ」という一大ミッションがあったので、気を張って屋台もストイックにやっていましたが、今回のテーマは「再会とエンジョイ」。「今、立っている場所がすべて！　とにかく、今を目一杯楽しもう！」っていう気持ちでした。


国内を回った後、2014年の1月から再び大好きなハワイを訪れました。海外ではやっぱり、アヒルを被ってバスキング。1ヶ月ほどして帰国したのですが、その直後に母親が体調を崩しました。父親の死後、初めて母親に笑顔が戻ったハワイから帰ったタイミングというのは皮肉でした。母親の看病のため、バスキングする時間もなく精神的に参っていましたが、友達の支えもあって、少しずつ元気になりました。そして、ありがたいことに、結婚式でのパフォーマンス依頼や、カフェからトークショーの誘いが舞い込むようになりました。その頃から僕の中で、今までと違った活動にもチャレンジしたいという思いが溢れてきたんです。

俺、バスカーで生きていくし!!

ハワイで知り合った人からトークショーに誘ってもらって、久々に東京へ来た時、小さい子供を2人を連れて旅行中のフランス人夫婦と出会いました。

子供たちが大喜びだった保育園でのパフォーマンス

「ONE LITTLE TRAVELER TONY」と書かれた名刺（某スター●ックスのパロディのロゴが入ったもの）を見た旦那さんは、「アヒルを被ってるんやったらONE LITTLE TRAVELERの文字のとこは『スターダック』にすべきやろ」と。「それ、採用！」って感じで、今の名前「スターダックトニー」を名乗るようになったんです。良いアイデアは即採用します。

トークショーだけで帰るのはもったいないので、初めて東京でバスキングしましたが散々な結果でした。人っこひとり立ち止まらず、人ごみの中で孤独を感じました。まるで、真っ暗闇の中で無闇矢鱈にがなっている透明人間。「あれ、みんな、俺のこと見えてないんちゃう？」。そんな状態でした。バスキングで世界一周したという自信は見事に打ち砕かれ、めちゃめちゃ悔しかったのを覚えています。

そのショックもあってか、翌朝、目を覚ますと帯状疱疹になって、全く動けなくなっていたんです。これじゃあ、バスキングにも出られない。でも、立ち直り

母校の中学校での講演

の早い僕は、「今、何ができるか」を瞬時に考えました。「そうだ、しゃべることならできる‼」。僕は早速、地元でトークショーを企画しました。ただ、あまり人は集まらず、人を集める大変さを実感しました。バスキングで人を集めるのと、特定の場所で人を集めるのでは全然違うんですよね。

地元の中学校から講演依頼を受けたのですが、全くうまく話せない。「もっともっと経験を積まないと！」と反省しつつ、トークショーを何度か経験させてもらいました。

ある時、直感で海外でトークショーがしたいと思いました。そして、シンガポールの音楽学校の教師・アンドリューの、「いつでも戻っておいで」という言葉を思い出し、「そうや、海外でトークショーをやろう！」「英語もままならないのに⁉」「いや、そんなん関係ない！」「やってみたいことはやるしかない‼」と、自己完結して即連絡。「是非、来なさい！」と返事をもらい、２０１５年3月にシンガポールでトークショーを行うことになりました。緊張しましたが、事前に知り合いが翻訳してくれたカンニングペーパーを頼りに、なんとか自分の思いや世界での珍道中は伝えられたと思います。

滞在中は、車に轢かれるわ、逮捕されるわ（幸い14時間で釈放！）、ベッドバグに噛まれるわと、とんだ珍道中に。事故の保険のことや、警察から没収されたパスポートを返してもらうやり取りで、毎日が怒涛のように過ぎていきました。

しかも、帰国予定日の翌日には、結婚式でのパフォーマンスが決まっていました。弁護士には「半年は帰れないかも」と言われ、絶望的だと思いかけましたが、決まったわけではないし、諦めたらアカンと自分を鼓舞しました。海外で人に頼れない時って、異常なくらいのポジティヴさを発揮しないとツブれちゃいますから。

ただ、こんな最中でも生活費は必要で、すぐにでもバスキングに繰り出したかった。でも、「もし、これでまた捕まったら彼らの人生でいちばん大事なイベントに穴を空けてしまう」……そう考えただけで、辛くて心が痛みました。僕は「我慢することが、自分が今ここでやれるいちばん大事なことだ」と、グッと歯を噛み締め、真っ暗な部屋の中ではやる気持ちをこらえました。

しかし悪いことばかり続くことはなく、大使館がかけ合ってくれたおかげで、奇跡的にパスポートが無事に返ってきました。さらに事故の保険も、治療費と少しの慰謝料が出ました。まぁ、すべてがハッピーエンドになったので良し！　4月1日に帰国したのですが、ウソのようなホントの話でした。

ハワイ、シンガポールのほか、韓国、台湾、中国と世界一周の旅を終えた帰国後も、海外での旅を続けたのですが、これらの主な目的は「再会」。お世話になったり、感動を分かち合ったりした仲間たちとまた会い、お酒を飲み、街を案内してもらい、異国で楽しい時間を過ごせるのが、世界一周をして良かったなと感じる瞬間なんです。

旅はその場を離れるけど
そこで出会った人は離れない

マイペースで活動していた僕に、知り合いが見かねて、「もっと色んな場所へ行くべきだ」と後押ししてくれたことで、次に進む気持ちを持てました。そして、東京でも盛んにバスキングをするようになったんです。「勝負するなら大都会・東京だ」って気持ちも大きくなってきましたし、人が多い分、色んな出会いもあるだろうし。

ラジオにも出演

　何より負けたままでは、悔しさしかない。この頃から、自分の中で、「世界一周に行った」というプライドがなくなり、「今立っている場所で、バスキングで勝負ができるようになりたい」と考え方が変わっていったんです。

新たな夢もはっきりしてきました。

屋台時代、友達からプレゼントされた忌野清志郎の本に、「自分の夢を漫画に描いて実行していくと良い」というようなことが記されていたことに影響され、ノートに簡単な絵ですが、自分の夢を漫画で描いていました。屋台で日本を旅して、ギターを弾きながら世界を回る。そして、帰国して本を出版する。そんな内容の漫画でした。実際に世界一周の旅を終えると、その漫画に描いた夢を実現したいという思いが強くなってきたんです。「その本を出版するまでが、僕の世界一周の旅だ！」と。理由はないんですが、41歳までに出版することを目標に動きだしました。

　でも、その41歳は、あっという間にやってきました。企画書を作り、東京の出版社を巡りましたが、どこもなしのつぶて。悔しくて仕方ありませんでした。落ち込んでいた僕に、「こっちから作ってくださいって行くのではなくて、向こうから言われるぐらいにならないとアカンのんちゃう？」と、友達が言いました。「どうすれば出版社から声をかけてもらえるようになるのか」を自問自答しましたが、答えが出ることはありませんでした。

そこで、気持ちを切り替えて、「僕は何をしてる時がいちばん楽しいんだ？」と考えた時、すぐに答えが出ました。それは、「アヒルを被ってバスキングし、人が笑顔に変わる瞬間がいちばん楽しい！」と。楽しいと思うことを突き詰めることがいちばんの自分の成長に繋がると思ったからです。

この答えは僕のブレまくっていた考え方を、軌道修正して原点に戻してくれました。本を出す以前に僕はバスカーであり、パフォーマーであると。そして、もっともっと見てくれる人たちに笑顔を与えたい。そうすることが出版にも繋がっていくはずだと。

こうして僕は、「スターダック トニー」として本格的なパフォーマーの活動を始めたのです。

屋台をやると決めた時
世界一周のバスキング旅に出ようと思った時
本を出版したいと思った時
パフォーマーになると決めた時
何かを決める時
自分の心に素直になることがいつも難しかった

そして何よりも最初の第一歩
マンションを解約して旅に出ようと
勇気を振り絞って一歩を踏み出したことで
この旅のすべてが始まり
その頃から思えば想像してなかった自分がいる
これからも自分の心に素直に生きようと思う
この本は何億通りもある生き方のひとつであって
それぞれの人生という旅に素直な一歩を‼

photo Daichi Saito

断禁止

あとがき

２０１７年１月、香港に行こうと思っていた矢先に、この本の編集者である松原さんから連絡をいただいて、長年の夢だった本の出版が決まり、なんか不思議な気分になりました。

いきなりの連絡だったので、最初は実感がなかった。けど、日に日に実感が湧いてきました。もちろん香港行きはやめ、すべてを本の出版にかけようと思い、バスキングもやめて挑みましたが、現実はなかなかうまくはいかず、色んな最悪な出来事が起こり、出版が危なくなった時期がありました。でもその時、精神的に支えてくれた仲間が何人かいたので、今こうやってあとがきを書くところまで到達できました。

それともうひとつ大きな支えになったのが、出版を記念した企画「本を売る旅で使うバスキングカーを作る」ためのクラウドファンディングを行ったことです。自分の今まで生きてきた中で、とても大きな心境の変化を与えてくれました。

photo Daichi Saito

photo Daichi Saito

バスキングカーを作るためには、もちろんお金がいります。でも逆に言えば、表面上はお金だけの問題。クラウドファンディングをやる以上、結果がすべてではあるのですが、僕は今回達成したことにより本当に心から気づけたことがあります。それは、お金の額や人数ではなく、いちばんに「思い」をもらえたことです。

言い方を変えると、僕の本を出版するという夢は、もう僕だけの夢じゃなくなってきたと感じたんです。今までただひとり、自由にバスキングをしていただけでしたが、そんな僕の夢にお金を出してくれる人がいるって本当にすごいことだと思えたし、制作がうまくいかず彷徨っていた僕をどれだけ支えてくれたか計り知れません。本当に感謝でいっぱいです。そして、出版予定が遅れてしまったことをお詫びします。心配してくれた方々ありがとうございます‼

本を出すまでが僕の世界一周だと決めていたので、これで世界一周の旅は終わるけど、また新たな旅が始まります。

２０１７年の7月17日、旅に出てから8年目を迎えます。そして、下北沢シェルターで行われるこの本の出版記念イベントから、この本を持って、僕は仲間たちの協力で完成した車で、日本全国へ本を売る旅に出ます。

旅のどこかで会えますように。

トニー

photo Daichi Saito

「バスキングをしながら本を売る、サウンドカーを作りたい！」

スターダック トニーが全国でバスキングしながら本書を販売するためのサウンドカーを作るプロジェクトを実現させるため、その資金をクラウドファンディングで募集いたしました。結果、皆様のご協力で、目標金額を上回る112％を達成いたしました。

ここに、該当リターンとしてご協力いただきました、皆様のお名前を「サンクスリスト」「スペシャルサンクス」として記載させていただきます。

サンクスリスト（参加順）

青木啓太／永久栞／永禮尚洋／大舘寛／佐々木裕美／岩本なみ子／浜田真理子／中崎直美／田花剛／高井未来路／當銘純子／菅谷有紀／南村淳史／佐藤陽介／堀井佑二／高尾留美／永井千麻／橋本新吾／林建治／佐平安紀子／高崎英樹／吉田研二／山下千佳／門廻由樹／嶋田奈津子／田中由希子／武田里織／井上健一／武藤千香／大井薫／井上孝二／中東茂／奥田すみれ／坂東学／原田大志／野口愛美／荻田大樹／門井ひまりとあたる／松下真一／本間直美／篠原亘／田中恵美／吉野進治／向井茂／山本琢磨／岡村彩／友田有二／大久保篤／佐藤秀次／松岡良和／元田敬三／橋本宗典／北村拓也／西崎翔／吉内裕美／武本直子／瀧上裕工／池田優奈／松本隆潮／眺直紀／宇田一彦／田上直也／黒澤秀一／前原和裕／柳広一郎／大石秀明／関口清桂／野口宏展／山田晋作／小嶋貴也／寺崎健人／内野はとり

スペシャルサンクス

森井脩

トニーの俺行くし!!　世界一周バスキング旅

2017年8月15日　初版発行

著　　者　スターダック トニー

発 行 者　工藤和志
発 行 所　株式会社 出版ワークス
〒651-0084
兵庫県神戸市中央区磯辺通 3-1-2 NLC 三宮 604
TEL 078-200-4106　http://spn-works.com/

印刷・製本　シナノ印刷

編　　集　松原弘一良
デザイン　大澤優子
ライター　お髭のマツオカ（合同会社ヒゲピカ）
撮　　影　斎藤大地

Printed in Japan
Published by Shuppanworks Inc. Kobe Japan
ISBN 978-4-907108-09-0